贫困危机

日本『最底层』社会

〔日〕藤田孝典 著
胡建君 译

上海文化出版社

前 言

贫困在日本以惊人的速度持续蔓延。它步步紧逼,当你意识到的时候恐怕已无法动弹。迄今为止,我已在书中用"下游老人""贫困时代"等词敲过警钟。

本书所要讲述的就是这样不断渗透蔓延到每代人中的贫困。老人、年轻人、孩子……不论男女,每代人都在贫困中挣扎。这样的时代是史无前例的。正如本书的题目所言,当今社会正处于可以被称为"贫困危机"的严峻态势之中。

举例来说,孩子的贫困是看不出来的。他们有文具,享受国家免除书费的政策,甚至还有手机,身上穿的衣服也并不破烂。尽管这样,还是有孩子因为没钱去上补习班而跟不上学习进度。一旦融不进朋友的圈子,孩子在学校里就失去了立足之地,跟不上班级进度的孩子只能待在家里,上网找人聊天。天黑了,用超市的熟食或是便利店的便当凑合当晚饭。在外兼职的母亲很迟才能回家,如果是在过去的年代,那时孩子早已进入梦乡。母亲兼职收入微薄，难以维持家用，多亏下班后超市食品区经常打折。成天忙于工作的母亲，并不知道父母不在家的时候孩子在做些什么。于是，处境相同的孩子在外面一起玩到很晚也不会有人知道。长此以往，他们会以为自己是没人关心的、仿佛不存在的人。

这样的孩子在日本各地悄悄地生活着。

为了摆脱贫困，高中毕业后的年轻人选择上大学，大学毕业后尽可能找一份稳定且薪资待遇优厚的工作。为了赚取学费以维持在校生活，他们一边学习一边兼职数份工作，从早忙到晚，几乎没有睡觉休息的时间，更不用说娱乐了。刚迈出学校的大门，还没接受毕业的祝福，他们就已背负了有"奖学金"之美名的债务，从而不得不忍受黑心企业的压榨，担惊受怕、度日如年。身边早已身心俱疲的公司前辈们，因忍受不了常年加班以及来自上司的压力而纷纷辞职，下次可能就轮到自己了。他们忧心忡忡地试图另找一份工作，却发现无论到哪里情况都差不多，根本无处可逃。

日本到处都有这样因焦虑而几近崩溃的年轻人。

日本各地被"若隐若现的贫困"笼罩着，让人不知如何是好。有人说，东南亚地区仍有孩子生活在贫民窟里，只能露宿街头，与这些地方相比，日本还算富裕的国家。在此我要反对这种说法。在本书中我也会详细讲到，贫困有"绝对贫困"和"相对贫困"之分。不得不露宿街头的凄惨状态，我们称之为"绝对贫困"；与此不同，无法在健康、文明和"人"的需求上得到满足的生活状态，我们称之为"相对贫困"。在日本，"相对贫困"正在不断蔓延，从青年人，到年富力强的中年人、壮年人，再到老年人，不分男女。"虽然现在的生活还不富裕，但只要勤勤恳恳地工作，终将等到幸福的晚年"，一个失去了如是希望的社会，即便未达到绝对贫困，也是暴露在贫困危机之下、充满压力的社会。

以埼玉县埼玉市为基地，我和非营利组织 hotplus 的伙伴们长期致力于组织并参加援助贫困户的活动。15 年来，显而易见的贫困人群——因过度体力劳动导致身体超负荷，被房东赶出公寓只能露宿街头——早已销声匿迹了。这也与扶贫机构向他们提供临时住所，以及网咖的全国普及有关。然而，无法客观正视自己生活状况的严峻性、跟谁都不商量而把自己逼上绝路的人却有增加的趋势。"不想承认自己是贫困者"的意识让贫困更加难以被看到。幸而，hotplus 每年有超过 500 起咨询案例，使作为援助者的我们能够轻易看到贫困。我希望能把自己看到的贫困传达给社会，哪怕是一小部分也好，让越来越多的人意识到贫困危机的存在，并早日获得应对贫困危机的能力。

言归正题,本书第1章讲10多岁到20多岁的年龄层所面临的贫困。为什么年轻人进入公司才3年就辞职?为什么年轻人都不结婚?对长辈来说,现今的年轻人身上处处是难解之谜。第1章便客观地讲述了这些年轻人所处的状况。

第2章讲40多岁、支撑家计的中年人的劳苦。担负家计的中年人被迫进行不合法的长期劳动,形势严峻,而且那些无法承担家计的"家里蹲"、"啃老族"和没有工作的年轻人也正逐渐步入中年。在这样的情况下,全家人都可能因贫困倒下。

第3章讲女性所面临的贫困。第2章所讲的"中年人所面临的贫困"没有涉及女性的案例,这是因为中年男性与中年女性所面临的贫困是两个完全不同的问题。其社会背景涉及从经济高度成长期开始延续至今的男女工资差距。在终身雇佣制度崩溃的波澜中,首当其冲的是那些靠独自一人的力量生存的女性,包括单身母亲。本章用较大篇幅讲述了她们的情况。

第4章例举了65岁以上老年人的贫困案例。向hotplus寻求帮助的人半数是年过花甲、无收入来源的老人。长寿反倒酿成了不可估量的悲剧,令人唏嘘。

第1章到第4章的结尾处,作为"建议",请允许我指出今后日本应有的走向。

第 5 章进一步总结了针对贫困现状的具体对策。如有正为生计发愁的读者，请尽管从第 5 章开始阅读。

若能通过本书，厘清日本人陷入终生贫困的背景和现状，与读者共同摸索使日本重获新生的道路，也是一件幸事。

目 录

前言 / i

第1章
年轻人的贫困 / 001

"你又不穷",寻求帮助却被言论攻击的女高中生 / 003

"绝对贫困"和"相对贫困" / 005

"贫困就该有贫困的样子"的傲慢 / 009

贫困批判行为有什么问题 / 010

案例1 "我也能高中毕业吗?"——戴耳环金发少年的迷茫 / 013

案例2 入职无新人培训的知名房地产公司营业部,筋疲力尽的24岁年轻人 / 017

"加油",但即使被鼓励也拿不出干劲 / 018

责备无法忍耐的自己 / 021

什么都不懂的职员——"您有可以依靠的家人么?" / 022

"公务员批判"使市民陷入困境 / 024

首例打工者起诉违法雇佣案，打工大学生被店长用菜刀要挟 / 025

把基干工作推给非正式员工以提高利益的公司 / 026

劳动力市场道德水平下降 / 027

案例 3 "都是为了你好"，因遭受价值剥削而无法上学的专科学校学生 / 028

案例 4 不敢按时考勤的 25 岁厨师；职场是没有牢门的监狱 / 030

价值神话在机器的齿轮之下是行不通的 / 031

建议 1 增设租房补贴等政策以减轻生活负担！ / 034

第 2 章

中年人的贫困 / 039

"健康警察"的清除异己行为：需要人工透析治疗是患者"自己造成的" / 041

健康差距是日本的定时炸弹 / 043

案例 1 比起蔬菜优先选择卡路里和饱腹感，38 岁得了糖尿病的快递员 / 044

贫困和生活习惯病是双刃剑 / 046

"帮助'真正'困难的人吧"是诡辩 / 047

《蜡笔小新》中的理想家庭:至今依然火热的"中流"之梦 / 048

动画片《海螺小姐》成为科幻片的那天 / 051

案例2 高学历处于社会底层,养家的34岁编辑律师梦碎 / 053

1000万人40多岁仍是非正式员工 / 054

向所有人悄然接近的贫困阴影 / 057

大叔在高速公路下过夜 / 060

案例3 为赡养老人离职,住在地板残破的独户住宅里的80多岁母亲和50多岁儿子双双倒下 / 063

案例4 20年"家里蹲",50多岁男子在其母亲遗体旁向我们求助 / 065

300万?日本"家里蹲"人数众多的原因 / 068

 援助从寻找生活穷困者开始 / 070

第3章

女性的贫困 / 077

经济高度成长期后一直处于"贫困"状态的女性 / 079

案例1 在被双亲忽视下成长起来的17岁打工女高中生的未来 / 081

斩断贫困的锁链,关键是教育投资 / 082

穷途末路的单身母亲 / 083

母子饿死在"经济大国" / 084

半数单身母亲家庭的存款不到50万日元 / 086

案例2 被公司利用，40岁单身母亲的绝望 / 089

"你没有加入工伤保险"是谎话，用《劳动基准法》武装自己！/ 091

案例3 为孩子的生命安全负责的24岁保育员，未来一片黑暗 / 092

提高工资，首先应提升该职业的社会声誉 / 095

案例4 "我想上学"，等待改行机会的28岁护士靠风俗职业生存 / 096

苦于生计，女大学生在风俗店兼职 / 098

工资微薄，单身女性随年龄增长的不安 / 100

案例5 收银20年，中年女子"总觉贫穷"的现实 / 101

亲子团聚忌谈将来之事 / 104

最后的安全网；女性犯罪人数激增 / 105

案例6 奖学金偿还中，年收入200万日元女博士的梦想是"无任期专职" / 106

高学历低收入人群急剧扩大引发学术界危机 / 108

被剥夺的宽裕生活，"房租重压"下的人偶 / 109

以社会福利"去商品化"为目标 / 112

第4章
老年人的贫困 / 117

案例 1 被遗弃在公园里的男性认知症患者"山田太郎" / 120

"弃老点"的冲击 / 121

在令人雀跃的东京奥运会之后到来的"2025问题" / 122

"下游老人"数量持续上升的原因 / 126

案例 2 "有600万日元的积蓄还是难以安心",照顾患认知症妻子的78岁男子 / 129

援助越来越少,负担越来越重 / 133

从艺人家属领取最低生活保障金事件说起 / 138

案例 3 接受最低生活保障后自杀的72岁老人 / 140

用10万日元的叩拜宣告终结的人生 / 142

救援不到位导致的更大灾难 / 144

案例 4 "在我死之前,请一直雇用我",靠遗属年金生活的74岁女性的祈祷 / 146

 职员都是社长,关注"协同劳动"! / 147

第5章
日本贫困生活　社会和个人所能采取的最好策略 / 151

知识篇 光是了解就能安心 / 153

关于日本的社会保障制度 / 153

（1）社会保险 / 154

（2）社会福利 / 160

（3）公共扶助 / 162

帮助解决生活中各种困扰的"生活穷困者自立支援法" / 170

民间以及半官半民（NPO等）的援助制度和活动 / 172

转变态度篇 现在不改变，问题就无法解决 / 175

放下骄傲，增强"受援力"！ / 175

带薪休假吧 / 176

在生活被毁掉之前加入工会 / 178

准备分散风险的最佳时期是40多岁时 / 179

培养权利意识，确认将来年金的金额 / 181

选举能改变什么 / 182

为了1500日元的最低时薪，在选举投票时发声吧！ / 183

结语 / 186

第 1 章

年轻人的贫困

十几岁辍学的孩子，刚迈入社会就背负了 300 万日元贷款型奖学金的毕业生，被当作一次性劳力使用、二十几岁就因病倒而失业的年轻人……"你们还年轻，随时都可以重新开始"，这样的看法还要持续多久？

本章认为年轻人的形象已经发生了改变，并回顾 1990 年代以来雇佣制度的崩溃在工作和人生观上给 90 后年轻人带来了何种影响。在经济高度成长期间，团块世代①完成了财富累积。与有团块世代支持的团块二代②相比，更年轻的几代人可以说几乎处于学校、企业和地方社会的边缘，快要跌落。为了不让这样的危机再传递到下一代人，必须从年轻人出发，着手建立起让日本重获新生的计划。

"你又不穷"，寻求帮助却被言论攻击的女高中生

2016 年 8 月 18 日，日本 NHK 新闻播出了以"孩子面临的贫

---

① 日本战后第一次婴儿潮（1947～1949）期间出生的日本人。（本书脚注都为编者注）
② 日本第二次婴儿潮（1971～1974）期间出生的日本人。

困"为主题的节目。孩子们在节目中讲述生活的穷困，节目组用摄像机记录下他们家庭的情况作为佐证向观众进行介绍。

在名为"神奈川儿童贫困对策会议"的活动中，节目组在众多参加活动的孩子中选了一位立志成为设计师的女高中生。女孩和母亲两人居住的公寓没有空调。尽管学校有电脑课，但女孩并没有电脑，取而代之的是一个看起来非常简朴的小型键盘，这是给女孩练习打字用的。由于经济上的原因，女孩没能进入绘画专科学校上学。"看起来理所应当的事对有的孩子来说是可望不可及的。"女孩在演讲中向观众如是倾诉，"明明有梦想，为什么我不能朝着梦想前进呢？"

每6人中有1人，这是厚生劳动省根据统计得出的达不到平均生活水平、处于贫困状态的孩子的比例。女孩的母亲不是正式员工，通过打零工来维持家用。本来，女孩所说的情况应该是谁都能够理解的。然而，因为节目组偶然拍摄到了女孩房间内摆放的许多动漫周边产品，以及一支价格不菲的用于画插画的笔，女孩的推特账号被找到了。通过这个推特账号，网友发现女孩吃了1000日元的午餐，去看了喜欢的电影。于是，女孩在网络上变成了可怖言论的攻击对象。

"你不是过着充满文化气息的生活么？"

"一边享受着电影和午餐一边喊穷？需要帮助？别开玩笑了！"

"NHK停止捏造!"

"说实话,不看税单也不知道父母的收入是多少吧。这样真的叫贫困么?"

"反正局外人也不知道具体情况。你就骗人吧!"

一位国会议员发布的推特使得事态进一步发酵。

"确实,你看起来过着简朴的生活,但如果把吃午餐和看电影的钱节省下来,是不是就能买台电脑了呢?如果因为经济上的原因没有办法进入理想的学校,别忘了还有奖学金制度。"

对于这段带有揶揄意味的自言自语,有赞成和反对两种意见。这件事甚至引发了反对贫困批判行为的街头示威。在混乱之中,女孩关闭了推特账号。

"绝对贫困"和"相对贫困"

仅为了维持生存已竭尽所能的极限生活状态,我们称之为"绝对贫困",这可以说是只在亚洲、非洲等洲的发展中国家才能看到的现象。联合国将其定义为收入低、营养不良、健康水平低、缺乏教育等"人"的基本需求无法得到满足的极限生活状态。

然而,即便有足够的食物,有遮风避雨的住所,还是有人无法过上"人"的需求得到满足的生活。这种情况被称为"相对剥夺(Relative Deprivation)",1960年代由英国社会学家彼得·汤森率先提出。彼得·汤森提出了几个指标，包括是否有冰箱、与他人是否保持着朋友关系、是否在教育上有所花费，甚至还包括是否在外吃饭、是否举办家庭聚会。那些抨击女高中生的人看了这些指标可能又要大喊"别开玩笑了"。能举办家庭聚会说明这个人有朋友、有可以请朋友来的房子、有可以向朋友展示的聚会策划方案和厨艺。如果一个国家的大多数国民不能指望享受这样的生活，并且没有向他们伸出援手的社会保障制度，那么这样的社会就算不上是富裕的。

第二次世界大战后，经济不断发展的英国被认为是消除了贫困的国家。而汤森则被认为是带领人们重新认识了贫困的人。

那么，被言论攻击的女孩到底是"贫困"，还是"只要节约一些就可以了"呢？有统计学上的方法可以辨别。

从家庭收入中扣除税金和保险费等"非消费性支出"，所得收入是实际可以使用的"可支配收入"。将"可支配收入"除以家庭人数的平方根，得到的是"等价可支配收入"，这是能够更贴近现实地反映各个家庭成员实际收入水平的数字。2012年，日本"等价可支配收入"的中值（将各个家庭的"等价可支配收入"从低到高进行排列，取中间位置的值）理论上达到224万日元。收入达不到这个数值的一半，也就是达不到112万日元的人数所占全体人口的比例为"相对贫困人口比例"。按照家庭成员人数来看，一人家庭年收入不满122万日元，二人家庭年收入不满170万日元，三人家庭年收入不满210万日元，四人家庭年收入不满245万日元的，被称为相对贫困。

2012年厚生劳动省国民生活基础调查指出，日本相对贫困人口比例为16.1%，是自1985年调查开始以来的最高值，同时在经济合作与发展组织（OECD）34个加盟国中为第六高数值（2010年）。

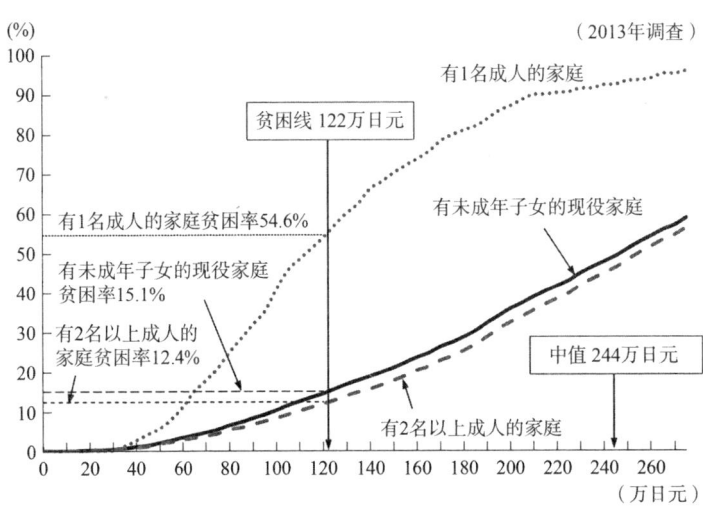

图表1-1　按家庭规模绘制的贫困线

注：等价可支配收入为名义值；现役家庭为户主年龄在18岁以上65岁以下的家庭（译者注）
出处：厚生劳动省《2013年国民生活基础调查概况》

当然，不知道明天会发生什么、与靠打零工维持家用的母亲相依为命的女高中生，也是构成这个数值的其中一人。二人家庭年收入不满170万日元就属于贫困线下，而达到这个数字对于独自抚养孩子的单身母亲来说是困难的。

人们之所以看不到孩子们面临的贫困，不正是因为"某某国家还有露宿街头的流浪儿童呢"这种错误的比较方法将眼前的贫困抹去了吗？而在日本，最忙于抹杀贫困的，是那些在社交网站上匿名对贫困进行言论攻击的人。

图表1-2 相对贫困率的逐年变化

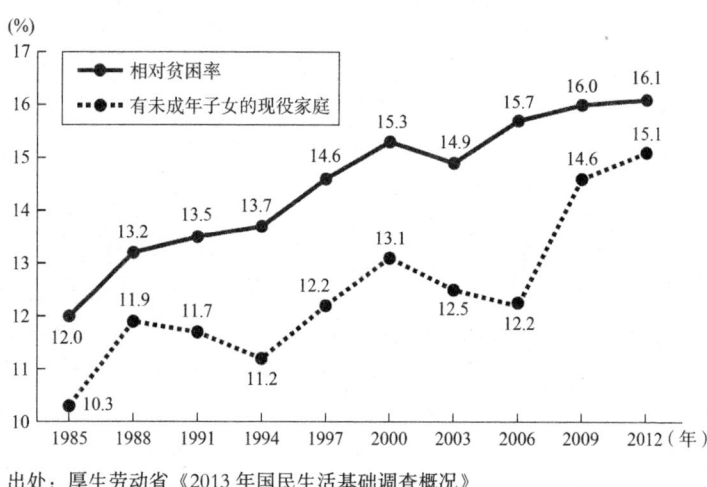

出处：厚生劳动省《2013年国民生活基础调查概况》

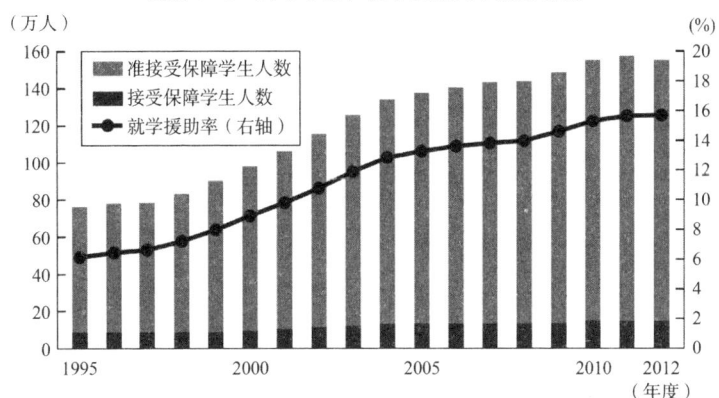

图表1-3 对小学生、初中生的入学援助情况

注：1.《学校教育法》第19条规定："对由于经济原因入学困难的适龄儿童或适龄学生的监护人，市町村应当给予必要的援助。"对《最低生活保障法》第6条第2款规定的保障对象、市町村教委认定的生活贫困程度与保障对象相近者（准接受保障者）给予入学援助。

2. 这里的就学援助率是指援助对象（接受保障学生人数和准接受保障学生人数总和）占公立中小学学生总数的百分比。

出处：内阁府《2015年儿童和青年白皮书（完整版）》

"贫困就该有贫困的样子"的傲慢

因为贫困，所以不应该去看电影，不应该收集动漫周边产品。有这种想法的人认为"绝对贫困"才需要被救助，并且无意识地抱有"穷人就该过苦日子"的惩罚态度。这种把穷人看作"劣等人"的傲慢态度，让人联想到16世纪以后在英国产生的穷人隔离思想以及强制将穷人收容到劳役场的行为。这里我想简单说明一下，在曾经的英国社会，"穷人就是罪恶"，穷人被比作"蚂蚁和蟋蟀"故事中好吃懒做的蟋蟀。即贫困是个人应该承担的后果，应该用鞭子抽打懒惰的穷人，驱使穷人干活，惩罚性地将他们强制送入收容所。贫困批判行为就是现代社会惩罚穷人的鞭子，不同的是看不到挥舞鞭子的人的脸，仅从这点来看，就比16世纪后的英国更为深刻。

先于"相对贫困"这个概念，《日本国宪法》第25条规定："一切国民都享有维持最低限度的健康的、有文化的生活的权利。"尽管如此，与2012年最低生活保障批判事件相同的情形仍然再次上演。日本从来都没有改变。

上述"神奈川儿童贫困对策会议"活动的主办者，神奈川县儿童家庭科科长小岛厚在BuzzFeed的采访中谈道："现在的孩子有智能手机，有衣服穿，温饱上不存在问题。即便这样仍然有不能去修学旅行，不能上大学，放弃未来的孩子。我们活动的目的就在于将这些难以被看到的贫困现象公之于众。"

贫困批判行为有什么问题

女孩与母亲相依为命的生活算不上"绝对贫困"，她们无需为衣食担忧，但她们的生活经济来源不充分，属于"相对贫困"，一旦生病受伤、离职、工作单位破产，便会立刻陷入穷困的境地。

正因如此，我们更应该大力发现难以看到的"相对贫困"。

2012年，以艺人母亲接受最低生活保障为发端的最低生活保障批判事件中，我们没有把社会保障和最低生活保障之所以重要的原因准确传达给大众，造成了极端言论的产生。例如，在NPO法人hotplus收到的大量关于扶贫意见的书信中，有一位20多岁的男性寄来的一封批评信。

"穷人因为不努力才会贫穷，我不赞成拿我们的税金去救助他们。这是令人难以容忍的事。适者生存，在每个人都努力生存的社会上，穷人显然不是'适者'。"

明明我这么努力地工作、纳税，这笔钱却要用在懒人身上，这是难以容忍的。这位男性大概是出于这种想法才那样说吧。穷人的存在让自己吃了亏，字里行间流露出缴纳了不必要的税款的被害者情绪。然而，写这封批评信的人自己也有可能遇到生病、失业、陷入贫困的情况。在这种时候能够让人们互相帮助的，正是社会保障等互助制度。

进一步说，即使责备贫困的人，该缴的税并不会减少。"劳动生产率低的人就该过节衣缩食的日子"，如果这种说法得到普遍认同，贫困者就会被贴上"二等公民"的标签。穷人不该看电影，穷人不该买画笔……这些细微歧视的盛行最终会导致欺凌、旷课、吸毒、卖淫、家庭暴力、放弃（无视）育儿等被社会排除的行为；

为了防止群集的反社会者中出现犯罪者，社会将变成监控型社会，人的住所被按照等级强制分隔开来。正如乔治·奥威尔在《1984》中所描写的那样，恐怖的反乌托邦社会将在21世纪诞生么？

抗议贫困批判的人群（2016年8月27日，东京都新宿区，宫间俊树/摄）

在被割裂的社会里，人群不再流动，没有持续发展的可能性，没有希望。谁都不想被称为"二等公民"，因而生活稍有贫困也强忍着，身体不舒服也勉强自己工作，而且不得不接受低水平工资。

贫困批判最终将导致以上所说社会的形成。我希望所有人都能够认识到言论攻击对谁都没有好处，并且在自己陷入贫困的时候能够主动寻求社会制度的帮助。希望所有人都能不仅仅盯着眼前的利益，而是去想象无法估量的社会整体利益。

一位20多岁的男性在申请最低生活保障时，工作人员这样安慰他："请暂时接受最低生活保障，重整生活后再次出发吧。祝愿你能早日开始工作。"听了这番话，他流下泪来，说："第一次有人对我说这么温暖的话。"

案例1："我也能高中毕业吗？"——戴耳环金发少年的迷茫

"这位男性是你的什么人呢？"

"……同伴。"

"同伴是指男朋友吗？"

5分钟过去了，10分钟过去了，依然是一阵沉默。少年没有生气，脸上没有任何表情。

"你们住在一起吧？你有生活费吗？"

"我们分着吃一份便当。"

自我表达对少年来说是困难的。听者如果不进行话语诱导，就没法知道少年想表达的意思。即使得到了他的回复，不通过想象，也没法理解他所讲的意思。虽然对不起这位少年，但不得不说，他的言行让人联想到3岁幼儿。有些少年少女无法用语言表达自己的想法，只能哭、扔东西，这其实也是向他人发出的求救信号。女孩常常会沉默不语，男孩则会把椅子踢飞。只要孩子到了10多岁，就足以酿成暴力事件。我们接到过为家庭暴力苦恼的父母以及孩子班主任的求助，为了保护孩子的家人，我们办理了孩子的住院手续。hotplus之所以会收到这样的请求，是因为绝大多数这样的家庭都有贫困的背景。

定时制高中不是为了在白天勤工俭学的学生设立的，而是学习能力低下的孩子最后的收容所，这个安全网已经存在很久了。

在富裕的家庭里，即便孩子学习跟不上，家长也可以聘请家庭教师，给孩子报私塾班补课，或者亲自监督孩子学习。但如果一个家庭里父母是非正式员工，抑或家长是拿不到抚养费的单身母亲，孩子上学的选择通常就只剩下公立的定时制高中以及较差的学校。首都圈内的学校有专门负责这类问题的社会工作者，他们有时会收到来自学生的求助。但如果孩子在地方学校上学，一旦遇到经济或家庭上的困难，就很可能直接退学，甚至会出现退学学生人数比顺利毕业学生人数更多的情况。

以下是在埼玉县定时制高中上学的和田大（化名，17岁）的案例。

和田大染一头金发，戴着耳环，一看就是正处于迷茫期的少年。这样的孩子往往通过外表寻找同伴，组成小团体，就像一个微型社区，以此来学习为人处事的方法。但是和田不同，他不能够理解他人的想法，自己的想法和主张却是鲜明的，因此经常一言不合就对朋友和认识的人施以暴力。和田的班主任发现，这个孩子从小学至今，长期以来都以偷窃作为与人交流的方式，于是联系了hotplus。面对这样的学生，我们会向校方请求："请不要将学生强行退学。学校的老师是学生最后的后盾，请帮助他并随时和我们联系。"于是，老师、学生、学生母亲和社会工作者开始共同摸索帮助学生摆脱困境的办法。

以和田为例，经医疗机构诊断，他患有发育障碍。这个类型的孩子可以通过在幼儿早期接受专门的治疗和教育来学习如何与人相处。如果家长没有尽早发现，孩子就错失了早期治疗的机会。和田的母亲为了生活拼尽全力，除了平时上班做事务性工作，周末还有劳务派遣的工作，虽然也发觉孩子有些不正常，但实在没有工夫认真对待。

回到空无一人的家里时，有的孩子能够理解母亲不在家是在为自己打拼，而有的孩子则只会陷入寂寞，甚至离家出走。虽然对和田来说为时已晚，但帮助治疗的精神科医生、校内社会工作者和hotplus的工作人员从某种意义上来说填补了母亲的缺席。和田的精神状态渐渐平稳，4个月过后，在一次谈话中，他小声自言自语道："我也能高中毕业吗？"

和田上的定时制高中需要读满4年才能毕业，如果有不合格的课程则需要更多时间。但他许下了愿望，不管4年也好5年也好，都会坚持到高中毕业。这是因为他知道，阅读、写字、算术以及与人相处，是在社会上生存所需的最基本的能力。虽然不是每天都去学校，但他试着开始恢复上学了。

"对我来说什么都无所谓，就剩等死了。"

面对老师，他摆出强硬态度。这是一种可爱的试探行为，就像在母亲面前撒娇一样，此时老师代替了母亲的角色。像猫试探主人一样，他在试探老师对他的容忍限度。

"为了增加您与孩子在家的相处时间，是否考虑一下减少您的工作量呢？"生活费上不够的部分可以靠最低生活保障来补贴。但是，和田的母亲不肯放下现在的工作，"现在辞职的话，以后就再也不能做事务性工作了"。失去工作的焦虑令她没有办法辞职。

最低生活保障是以现金或物资的形式，提供生活扶助、住房扶助、医疗扶助、教育扶助、护理扶助、丧葬扶助、职业扶助、生育扶助，从8个方面进行整合性扶助的"扶贫制度"（第5章进行详细介绍）。也就是说，这是极其贫困的人才能得到救助的制度，对扶贫对象的要求很高，因此很难帮助人们重新开始生活。我想，如果只给跟不上进度的学生补贴上补习班的费用、手机等通信费用、买米的费用、房租等，将扶助形式分散开，最低生活保障制度将多么灵活易用啊！又有多少在贫困中挣扎的人能够得到拯救呢？

我原本希望最低生活保障制度能够得到改善，却得知以帮助最低生活保障接受者为工作的神奈川县小原田市生活援助科的职员们，自掏腰包制作了印有"别小看最低生活保障"字样的夹克衫，并穿着这些夹克衫访问最低生活保障接受者。

话题再回到和田身上。由于和田患有发育障碍，我建议他不仅应该读完高中，学习阅读、写字、算术等技能，也需要在能够发挥强硬性格之优势的岗位上工作。在日本，即使是技术岗位也往往对礼仪和沟通能力有所要求，和田在找工作时首先会在这一环节碰壁。我希望和田能寻求职场适应援助者（job coach）的帮助，即使在技术岗位工作也能与他人进行基本的沟通交流。

案例2：入职无新人培训的知名房地产公司营业部，筋疲力尽的24岁年轻人

2020年东京奥运会临近，房地产行业沸腾了。从名校毕业的应届生若能进入房地产行业工作，可以说是前途无量了——他们的父母辈都是这么想的吧。

吉田聪司（化名，24岁）从名校毕业后立刻被分配到某知名住宅开发商的销售部门，成为正式员工。销售部门共有约1000名职员，工作环境严酷，不仅没有相互鼓励的政策，业绩排名差的人甚至会面临被辞退的风险。公司的前辈接连不断地辞职，与之相对应的是，年轻的吉田所担负的建筑及装修方面的销售指标不断提高。进入公司的第二年，由于长时间劳动，吉田生病倒下了。

"和上个月相比，这个月业绩太差了。"

"你没能力。快辞职吧！"

即使被上司严厉指责，吉田仍强忍着坚持在岗位上。突然有一天，他在床上起不来了。吉田的老家在埼玉县，位于首都圈内，他本可以回老家。然而，他选择了打电话给 hotplus，理由是拖欠了房租，存款见底，到了进退两难的境界。而他不回老家的原因是"父母也指责他不该请假"。

"加油"，但即使被鼓励也拿不出干劲

吉田的父母已经 50 多岁，他们不清楚现在年轻人的情况，所以才会指责孩子："好不容易进了那么好的公司，为什么不再努力一把呢？"才会说出："我们这代人可是为了接单一天跑 100 家客户，跑到鞋底都磨平了。那个成就感啊！"这样一来，孩子肯定不愿回老家。因为即使对父母倾诉在黑心企业遭受的残酷待遇，这些话语也不会被倾听。

从人口爆发式增长的 20 世纪 60 年代中期起，"努力的人都过上了好生活"的时代仅持续了 30 年左右。在日本，光靠丈夫的工资就能养活妻儿的经济高度成长期，顶多持续到了20世纪90年代前期。那个时期的记忆和成功体验，深深地刻入了父母辈的心灵和身体里。现在看来，那明明是一个非常特殊的年代，但作为一个辉煌而又美丽的时期，似乎成了他们记忆中的"永恒"。

不能被父母理解是比贫困更痛苦的事。

做了这份工作后，我能看到过去政府采取了什么样的政策造就了现在的日本，而现在的日本政府采取的政策将对未来10年产生什么样的影响。父母辈之所以无法理解现在的时代，不仅仅因为他们总记得年轻时的美好。

首先，当时和现在的政府所采取的经济政策完全不同。在经济高度成长期，社会积累的财富被用于社会保障和社会投资。政府采取的经济政策扩大了雇佣规模，提升了消费水平，促成了社会整体的良性循环。当时政府规模大，下有大量公务员，社会保障、医疗福祉预算充分，实施了老人免费看病、发放住房补贴等各类福利。然而在这样的恩惠之下，日本人的寿命不断延长，人口老龄化率不断上升，社会福祉需要覆盖的人群也不断扩大。为了维持政府财政的稳定，英国的撒切尔首相、美国的里根总统、日本的中曾根康弘首相，均采取了不再加强社会福祉的政策。

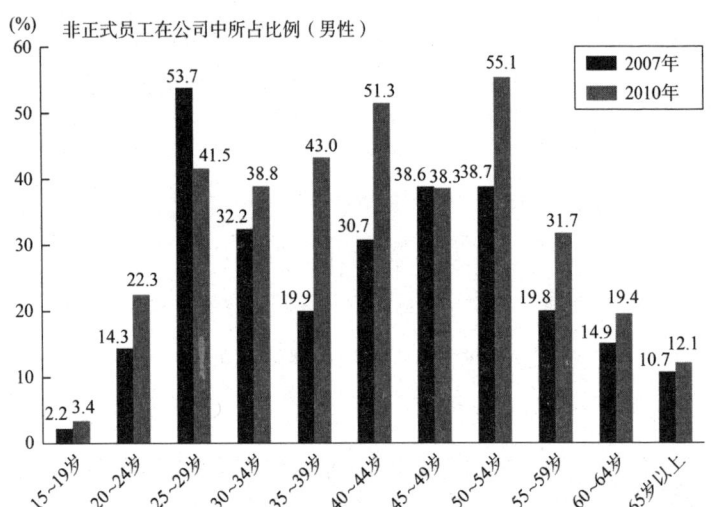

图表1-4 各年龄段"非自愿非正式员工"调查情况

出处：厚生劳动省大臣官房统计情报部《就业形势的多样化相关综合实态调查》

可以说，在日本，通过拼命劳动实现大量产出的经济高度成长期已经无法复制了。20世纪90年代日本的少子老龄化阻碍了发展进程，企业纷纷出海，前首相小泉纯一郎打出了"行政结构改革"的旗号，削减公务员人数，将邮政民营化。企业不断扩大非正式员工人数以减少人工费用的支出。在这样的众多企业之中，吉田所在的公司就是减少正式员工的同时增加人均工作量的典型案例之一。

据国税厅发布的《民间工资实态统计调查》显示，民间企业职工的年均收入在1997年达到峰值，为467万日元。然而，2014年度该数据为415万日元，2015年度为420万日元。也就是说，政府讴歌着"一亿总活跃时代"，而实际市场规模是好不容易才买得起生活必需品。年轻人应该已经买不起房和车了吧。"再过几年涨工资后就可以……"如果年轻人不再这样梦想，他们又怎么会消费呢？在我教书的几所大学里，学生不买教科书，包括我上的课的教科书，而是在图书馆借。他们已经没有了购买生活必需品以外用品的习惯，这种情况随处可见。

社会保障制度不改变，社会就无法正常运作。尽管如此，大人们却在一边小声自言自语："最近的年轻人真是内向、无所欲求，连车都不买，没有去外面的世界冒险的勇气。"（前首相麻生太郎）。

责备无法忍耐的自己

吉田不断自责道："我没有忍住，也没给公司做出贡献。我为自己没有忍耐住深感抱歉。"

"不，你并没有错。公司里的前辈们也都没有在那儿继续工作，早点辞职对你来说是好事。"

我好不容易说服了他。吉田被"辞职后就活不下去了"的恐惧所折磨，帮他反洗脑花了很大功夫。我建议他接受最低生活保

图表1-5 希望结婚的男性和女性所期待的政策排第1位的都是"安稳的工作机会"

政策	男性(%)	女性(%)
安稳的工作机会	51.3	60.5
改善工作环境,使夫妻双方都能继续工作	42.2	57.5
对已婚人士有利的税收制度和社会保障制度	39.7	40.8
为结婚和住房提供贷款和补助	38.5	46.8
确保自由时间,包括纠正长时间工作的问题	34.6	41.2
提供约会、交往场所	33.7	28.8
结婚相关烦恼咨询	15.6	20.2
开展鼓励年轻人结婚的宣传活动	12.5	12.1

出处:2015年厚生劳动省白皮书

障,但他并不相信我。"我这么年轻怎么可能接受最低生活保障呢?真的可以吗?即使接受了也很愧疚。"于是我陪同他去相关政府机关申请最低生活保障。那天,他对每个人不停地道歉。

什么都不懂的职员——"您有可以依靠的家人么?"

就这样,我常常收到穷困潦倒的年轻人的求助,陪同他们去政府机关申请最低生活保障。NPO法人全体每年会接到超过5000起求助。每次去申请最低生活保障时,福祉事务所的职员总是异口同声问道：

"您有可以依靠的家人么？"

有可以依靠的家人的话，谁还来求助于我们呢？

伴随着日本国家经济发展减缓，日本的家庭规模也缩小了。与过去的大家族不一样，家中的长辈不再养育年轻一代。家庭收入每年都在减少，家人间相互扶助的功能达到了史无前例的低水平。第4章"老人的贫困"中也会详细讲述，年轻人的父母和祖父母为了自己的生活已经竭尽全力。

攻击贫困的人理所当然地把"你没父母吗？""滚回老家"之类的话挂在嘴边。我想，这是因为他们对家庭的概念还停留在前近代时期，即家庭具有父母养育孩子、孩子长大后赡养老去的父母这种相互扶助的功能。然而，对于一个20多岁的成年人，家庭应该给予多大程度上的照顾，这个问题难道不需要被重新审视吗？

在其他国家，一旦成年，即便是有血缘关系的家庭成员之间，也不会像日本人这样紧密地相互扶助。只有夫妻之间，以及父母对未成年子女才有抚养的义务。孩子长大后，依靠政府和社会体制来保障其生活。有房租补贴制度等，着眼于"使人在社会上更易生存""整顿工作的环境，使其更为舒适"。

而在日本，虽然有面向年轻人的志愿制度，如公共职业安定所等，但制度的重心还是放在如何让年轻人工作上。我们应该认识到，高昂的房租和教育费用以及大量的日常支出，仅这些负担就足以剥夺年轻人自由的生活。

这样的负担不应该由社会承担，而应该由本人及其父母承担，这就是日本式的想法。即便是30岁的人因受不了贫困而犯了罪，依然有人谴责他："父母都在干什么啊？"责任就这样被转嫁给了他的父母。年轻人到最后都没有办法说出"救救我"这一句话的原因，可能就在于孩子的没出息会转变成他人对其父母的指指点点。吉田之所以不停地道歉，可能也是感到对父母有愧吧。

为什么不把20多岁的成年人从家庭中解放出来呢？并且，如果他们没饭吃了，那不是父母的错，而是让人们重新审视社会保障制度的信号。

"公务员批判"使市民陷入困境

2016年11月，受到知名广告代理公司电通公司的新员工过劳自杀一案的影响，政府出台了新政策，对迫使员工长时间劳动的企业加强监督管理。同时，政府提出了扩招劳动基准监督官，即劳动基准监督署（以下简称"劳基署"）的专门职员的方针。

现在全国321所劳基署内共有3241位劳动基准监督官，作为劳动法的看守者。也就是说1万名劳动者由0.53位监督官来监管。这个数字比德国（1.89人）、英国（0.93人）等欧洲发达国家小。

虽然说要加强监督管理，但由于对公务员的过度缩减和整顿，人力逐渐不足。除了监督官以外，福祉事务所的案件工作者、儿童福祉司、保健师、教师等岗位也存在人手不足的问题。

抨击公务员是"税金小偷"的人，往往也是受公务员恩惠的那一类人。市民被政治家、媒体所鼓吹的"减防税金滥用"之类的言辞所煽动，削减了自己本应享受到的公共服务。市民必须意识到，与自身生活息息相关的公务员劳动力的缩减，正在将自己逼入困境。

虽说并不是光增加公务员的人数就是好事，但希望民众能意识到现在公务员的人数已经少于正常范围。

首例打工者起诉违法雇佣案，打工大学生被店长用菜刀要挟

2016年9月，千叶县地方法院审理了日本首例"黑心打工民事诉讼案"。

据报道，被告是知名饮食店"温野菜日本涮涮锅"的特许经营公司。曾是打工者的原告男性大学生每天连续工作12小时以上，不仅持续4个月没有休假，还被店长掐脖子、用菜刀砍伤手臂，严重影响了他的日常学习及生活。

该案件象征着现代劳动环境的异常与恶劣。本人与此案也略有关联，因此想对事件来龙去脉说明一二。

2014年4月,当时在读大学一年级的原告开始在前述店铺打工。最初的工作时间是一周4天、一天5小时左右;后来逐渐发展为需要做店铺关门后的打扫工作,从中午开始到半夜,工作约12小时。当时的女性店长威胁他"如果你不干了我就惩戒解雇你,这样你就找不到工作了""店倒了我就申请4000万日元的损害赔偿金",并以"接不到新客人的订单"为由,让打工学生自负费用23万日元,还有掐他脖子、威吓他等行为。精神和肉体上深受伤害的原告无法正常上学,第一学期的课程全部不合格。接到学生求助的联盟立刻提出进行团体交涉的要求,随后开展了口头申辩,运营公司方代理人在法庭上主张:"原告是不请自来的,他只是按照自己的意志在行动。"

把基干工作推给非正式员工以提高利益的公司

无论对方是主动的还是被强制的,把关店后的工作以及轮岗排班等基干工作交给拿小时工资的打工者,这本身就存在问题。过度差使廉价的小时工以提高收益,如果对方要辞职则用"毫无责任心,要求赔偿"等话语严加申斥,恐怕这种行为已是常态。对公司来说,有人辞职会使工作进展不顺,招聘新人则需要耗费精力和成本。这已经超越权力骚扰,属于强制性劳动,"惩戒解雇"等言语威胁甚至让人怀疑店长的精神状态是否正常。

按照常理，在缔结劳动契约时，无论是打零工还是正式工作，工资和劳动时间的相关内容都应以书面形式对双方进行告知，并需要征得双方的同意。但近年来，接连有许多学生向我们求助，他们被无视这些要求的公司强制劳动，想辞职又辞不了，没法参加学校的考试，也没法参加就职活动。

厚生劳动省在2016年5月公布的《关于高中生打工的意识调查》中指出，在1854位被调查对象中，60%的人没有收到打工单位的劳动条件通知书，18%的人不记得打工单位对劳动条件有哪怕口头上的具体说明，另有32.6%的人因为工作条件而遭遇麻烦，回答中有许多是关于轮岗的，其中包括不给工资、深夜上班、假期加班等。这种情况应该也适用于大学生和专科学校学生。

据报道，威胁原告的店长也工作到很晚，没有时间休息。黑心企业的职员把非法长时间劳动强加给打工的学生，这是悲惨的现象、不合理的模式。

劳动力市场道德水平下降

坦白地讲，大一时的第一份打工给我带来了前所未有的快乐。至今还有新生向我诉说得到第一份打工机会的喜悦。这位新生入学后，在5月终于安顿下来，于是开始打工，切实感受到了自己在公司里发挥的价值。相比于工作赚钱，他更沉浸在长大自立的喜悦感中。我也曾经深有体会，因此能够感同身受。当时的我甚至对给予我职责的公司抱有感激之情。

然而，现在的打工不是社会实践。某中型教育机构把打工的大学生作为各个班级的负责老师，看起来像是对他们委以重任，实际上只是降低了工资支出。那些打工学生努力工作着，说："能够得到认可我非常开心。"当他们意识到问题的时候已经想辞职也辞不掉了。打着"价值"的招牌，抓住年轻人想被认同的心理弱点，这是典型的黑心公司。

我希望打工的年轻人们感受到喜悦的同时能够冷静思考。注意向打工的公司要求拿出对劳动条件有所说明的书面文件，有不清楚的地方则要上网核查。可以向身边的大人、专业的律师或者NPO等咨询相关问题。现代劳动力市场形势危殆，手无寸铁、只身一人进入其中是危险的。

案例3："都是为了你好"，因遭受价值剥削而无法上学的专科学校学生

专科学校夜大的学生花冈惠美（化名，19岁）在学校学习西点制作技术的同时，在市区一家蛋糕店打工。她每天早上6点上班采购，又从开店站到下午3点销售商品，随后回到家中，晚上6点去学校上课。然而店长发现她很能干后，出于"信赖"，把晚上9

要求提高最低工资的示威旗（JR新宿站东出口，户嶋诚司/摄）

点店铺关门后的工作、轮岗排班的任务也都交给了她。花冈说："店长交给了我重要的任务，让我负起了责任，我不该辜负店长的信任。"

这样持续了一段时间，花冈因为上课出席次数不够即将拿不到课程学分，甚至可能无法毕业。于是她找到店长，和他商量，但店长的回复令人震惊。

"难得交给你这么重要的任务，你以为上学和打工哪个重要？想作为一个社会人生存下去，当然应该工作优先。我都是为了你好。"

搬出价值和责任感，管理极其严苛，时不时又用柔和的言辞给予关怀，这是典型的"价值剥削"。这和向我寻求帮助的女性所说的，在家中实施暴力的丈夫的言行是一样的。打工赚取学费和生活费的学生没有还嘴和抗议的余地。他们对未来充满不安，没有自己的家，因此对自己能够被认可感到高兴。有一些大人就看准了他们的弱点。

案例 4：不敢按时考勤的 25 岁厨师；职场是没有牢门的监狱

有时候我们不能一个劲地指责在黑心公司打工的人，特别是人手不足已经成为常态的饮食行业。

埼玉县的厨师神田彻（化名，25 岁）自高中毕业以来，一直在 JR 大宫站附近的饮食连锁店工作。按照轮班要求，他在和食店、中华料理店、居酒屋三家店之间来回工作。即使没被排到班，他仍会主动上班把空闲时间填满。明明有考勤卡，他却说："不知道为什么就是不敢考勤。"2014 年某天早上，他突然起不来床了，旷了班。长时间劳动和压力的累积导致他身心俱疲。

"我已经不能上班了。想辞职，只能辞职了，我已经不行了。"这样的念头反复出现。

大多数人打电话来求助时已经决定辞职或是想要辞职。深思熟虑到这一步后，他们更多的是感到强烈的不安："只能辞职了，但是辞职以后怎么办呢？"因此我们的工作都是从"对辞职方法的建议""辞职后的未来"等话题开始，对求助者进行反洗脑。

"辞职以后就成了社会的渣滓。"

"辞职以后就没法生存了（流浪街头）。"

"辞职以后就成了公司里的失败者。"

"辞职以后（一辈子）成了丧家犬。"

……

让职员被威吓着在恶劣条件下工作的行为，和把人关在密室里进行洗脑的邪教行为，我觉得没有任何区别。再说回明明有考勤卡却不敢考勤的情况，这和牢门大开但无法从监狱出去的囚犯心理难道有任何不同吗？

价值神话在机器的齿轮之下是行不通的

我想对那些主张"只要有梦想，没有加班费也有干劲""工作头三年就得往死里拼"的大人们说两句。

确实，只要有"成为一名西点师并开一家自己的店"这样的梦想，有的人会努力工作到半夜。然而，拼死努力也不一定会得到回报的社会正在到来。

能够思考蛋糕设计，朝着成为西点师的目标前进的"特殊阶级"只是极少一部分人。大多数劳动者每天在工厂待8小时，看着传送带将蛋糕连续不断地运送过来，确认蛋糕坯没有问题后随意放上草莓，一个运走了又运来另一个。这是谁都可以完成的机械性操作，因此是由低工资的非正式员工轮流完成的。

不要求技术熟练度的单纯劳动，对个人的成长和技术提升以及将来安定的生活有什么帮助呢？日复一日做这样的工作，无论努力多长时间，工资依然是最低水平。做这样一份工作，应该如何展望未来呢？又该如何摆脱低水平工资呢？"只要每一天都努力生活，光明的未来就在眼前"，这样的漂亮话对这些劳动者来说也有效吗？我甚为怀疑。

体力劳动对技术没有过高要求，从事体力劳动的非正式员工往往轻易地离职。他们看不到未来，生活并不安定。由于做的是可以被任何人代替的工作，他们对这份工作没有生发出任何喜爱和归属意识。并且由于顾客至上主义的泛滥，工作者常被迫接待怪物似的消费者。被六七位乘客包围的26岁乘务员，径直从离地7米的高架上跳下。对于身受重伤的乘务员，最终好歹还是有一些支持的声音。但是为了让"顾客大人"满意，难道需要这样拼上性命吗？

总之，即使努力也得不到回报、对提升自身能力没有帮助的工作是实际存在的。

拙作《贫困一代：被社会囚禁的年轻人》（讲谈社，2016年）也指出，某知名企业管理者说过："想要获得真正的成功，产出伟大的成果,首先要沉迷于自己的工作。"恐怕这位管理者也是沉迷于工作,为经济高度成长期做出贡献的一员。但是,20世纪60年代的企业也像现在的企业一样要求员工拼命吗?那时的公司吸引年轻人入职后,为了让他们安顿下来,建立了一整套员工教育培训制度。不是"威吓",而是重视年轻人,保障福利待遇,对员工的成家立业给予帮助。事实上,除了员工教育培训制度,那时很多企业还提供公司住宅,支付家属补贴。

使人沉迷的工作,不仅仅能提供充裕的生活费,还能提供让人感觉受重视、能体会到工作价值的职场环境,并且应该能够让人发挥个性。这样的工作能培养出人的自尊心和社会认同意识,使工作者逐渐产生作为一名社会人的自豪感。

然而这样的工作,在现今的劳动力市场上还剩多少呢?每一位劳动者都在贬值,就像做抢椅子的游戏一样,以黑心企业和被人们所指责的社会为中心,管理层向劳动者索要过分的努力。中途受挫的人不断离开。为了避免让劳动者意识到这个残酷的抢椅子游戏,管理层会在新员工入职时讲一些关于"梦想"的话,因此年轻人离职和换工作的时候会产生强烈的挫败感:

"我是没用的人。"

只能说年轻人被洗脑得很彻底。

建议 1　增设租房补贴等政策以减轻生活负担!

"年金必须付吗?"

"缴付国民年金保险的负担太重了,缴完后生活费都不够用。"

国民年金保险费用伴随物价年年持续上涨,2004 年度达到 13000 日元,2015 年度达到 15590 日元,2016 年度变成了 16260 日元。

在劳动者中有四分之一的人为非正式员工的现状下,许多夫妻双方打工、孩子处于成长旺盛期的家庭向我求助。非正式员工比正式员工收入低,而且一般情况下没有奖金。公司不向他们提供福利待遇和各种补贴,因此每月的保险费对他们来说是很大的负担。

据日本年金机构估算,即使连续 40 年支付国民年金保险费,每个月能支取的最高金额也不超过 65000 日元。在首都圈内,这笔钱连公寓的房租都付不了。这样看来,国民年金是按照让人无法生存的标准来设计的。

另一方面,首都圈的最低生活保障基准为单身人士住房补贴 53000 日元左右(住房补贴上限),生活补贴 80000 日元左右。据政府概算,每个月最低生活费用共计约 130000 日元。

许多人知道最低生活保障基准比国民年金的领取金额更高。

如果加上各种税收的免除，再加上医疗、护理等服务的物品援助，最低生活保障有时会高出国民年金平均领取金额。

因此，单纯按照以上方法考虑的话，连续支付40年国民年金不如转向申请最低生活保障。或者支付能够负担得起的国民年金保险费，拿到年金后，不满最低生活费的部分依靠申请最低生活保障来获得，这样能减轻许多负担。"我辛苦工作缴的国民年金保险费，都给了那些无所事事的最低生活保障受助者，无法原谅。"在这个时代，此类不满的声音如此之多也是可以理解的。

为什么国民年金支付基准如此之低呢？年金是属于社会保险，是非贫困人群出于想要预防贫困的目的而支付保险费用的贫困预防制度。

与之不同的是，最低生活保障制度面向的是贫困人群。后者领取金额更高是因为"国民年金"与"最低生活保障制度"二者本质上的不同。没有办法在不考虑二者本质的情况下，只对金额高低进行比较，说哪个高了哪个低了。更不用说那些因为最低生活保障基准比国民年金金额更高，所以应该降低最低生活保障标准的论调。这种说法完全没有考虑到救济措施的本质，因此也是不可行的。

即便现在交不起国民年金保险费，只要将来有交得起的可能，我当然希望那样的人能够充分使用减免及缓缴、补缴措施来缴纳国民年金保险费。然而，现在20多岁、30多岁的非正式员工将来也有可能一直是非正式员工。如果真是如此，国民年金保险费不再成为一笔重担的日子是不会到来的。

如果支付国民年金保险费已经是一种痛苦，那就更谈不上预防贫困了。当然，也可以申请国民年金支付免除，把这笔钱用于维持生活、子女教育、结婚等，从而过上"人"的需求能够得到满足的生活。

国民年金保险费自2017年度以来不再上涨。虽然对于参保人来说需要支付的钱没有那么多了，但这也意味着领取的金额变少了。试想30年以后，参保人能领取的金额比现在还要少得多。

现在的最低生活保障受助者大多是老年人，他们占了所有受助者的一半左右。这是日本政府无法提高年金的支付水平、无法导入最低年金保障的结果，体现了日本政府的失败。

如果日本政府对政策的失败没有作为，那些放弃支付年金的人年老后将毫不犹豫地申请最低生活保障。因此，我们从现在开始就有必要了解最低生活保障制度的相关知识和信息。并且，我们有必要共同守护最低生活保障基准，不让其跌落。

向hotplus求助的人让我们了解到，年轻人都会遇到劳动问题，正式员工也是如此。我们根据求助者的不同情况，向他们说明工伤补偿的相关信息。尽管如此,这也是以让他们重新投入劳动为目的的制度,而让年轻人休息并且恢复的制度是无力的。预防啃老族和家里蹲的对策,其目的也大多是为就职做准备和提供援助,说白了就是让人工作时更努力。那些职业训练的内容也缺乏感染力和实操性。比如说,护士资格是常见的职业训练内容之一,本书第3章也会讲到,很难说这是可以坚持一辈子的职业。最重要的是,关于租房补贴、减缓奖学金偿还等减轻年轻人生活负担的办法,政府缺乏反思。当一个人不得不做应该优先交通费还是伙食费的选择时,他是没有时间慢慢寻找下一份工作的。再就业并不容易,职业训练的内容没有太大帮助,因此产业间的人才流动十分困难。为了找到下一份工作来到大城市的人们该住在哪里呢?往往是在网络咖啡厅里几乎一夜没有合眼,第二天还要早起去公司面试。

如果是老年人需要护理,城市里有医疗从业人员、日间上门服务、日间机构护理、短期陪住、紧急报警系统、上门护理、特别养老院、收费养老院等,先不说各个地方是否在有效施行,但这方面的社会资源是充分的。与之相比,面向年轻人的扶助资源的不完备是专家也想象不到的。有困难的时候能求助的机关极少,能使用的资源匮乏,年轻人不敢轻易地陷入困境。

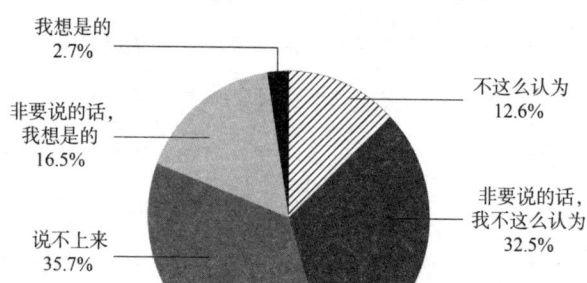

图表1-6 你认为日本的未来是光明的吗？

出处：厚生劳动省《年轻人的意识相关调查》（2013年12月）

最近终于出台了求职合租房政策。此类救济政策的重要性已经无需多谈，但更为重要的，难道不是保证最基本生活的资金和物资援助吗？不论是对非正式员工还是其他劳动者，只要通过优化所得再分配，给予年轻人一定的资金、物资援助，他们就能开启新的生活。租房补贴、教育费补贴等没有物资补助的政策，即使政府制定了，也有可能不是年轻人真正想要的政策。如果没有了年轻人，日本丰富的地方文化将失去维持和继承之人。日本将在未来维持经济现状吗？还是放缓经济发展？抑或是经济倒退？甚至变成发展落后的国家？对年轻一代的援助是关键。

第 2 章

中年人的贫困

本章介绍 35 岁到 50 岁的中年人的贫困危机。中年人是负担家庭生计的主力军，他们不仅要背负住房贷款、子女升学及照顾父母的重担，同时还在公司担任要职。尽管深受抑郁、生活习惯病等造成的健康伤害，但正值职业黄金期的他们也很难离职而去。"中年的健康差距是日本的定时炸弹"这种说法也出现得越来越频繁。

除此之外，第二个定时炸弹也将在这个年龄段爆炸。雇佣制度在日本经济停滞的 20 年里被彻底破坏，1000 万本应处于职业黄金期的人在通过劳务派遣等非正式雇佣途径工作。更有甚者，不劳动也不消费，成了只在家里生活的"家里蹲"。虽然没有确切数据，据说这样的人甚至数以百万计。"健康对不健康""正式对非正式""年迈父母对啃老族"，诸如此类的对立结构诞生，他们互相蚕食彼此的社会保障。如果仔细研究这些对立结构，你会发现中年人就处在其中心。

"健康警察"的清除异己行为：需要人工透析治疗是患者"自己造成的"

2016 年 9 月，自由职业播音员长谷川丰在自己的官方博客

"正经话，真心话"上发布了关于人工透析患者的新闻。他主张："人工透析患者大多因暴饮暴食、不运动、无视医生忠告最终患上糖尿病，其结果是需要人工透析治疗，平均每人每年的治疗费用甚至达到500万日元。这种患者自作自受造成的人工透析费用，应该全部由他们自己承担！"

他把人工透析患者比作在夏天贪图玩乐的"愚蠢的蟋蟀"，自甘堕落却肆意抢夺拼命工作的蚂蚁的仓储（健康保险体系），使食物有限的蚂蚁没有办法养育后代。因此，他主张"保险和年金体系的解体刻不容缓"。这个想法令人费解。

让这篇文章得以扩散的大概是煽情的标题以及粗暴的行文，连转载的新闻网站"BLOGOS"都受到了批判，最终以"包含不恰当的表述"为由删除了该文并致歉。然而9月23日，由约8万名肾脏病人成立的全国肾脏病协会，以"助长对肾透析患者的偏见和排斥"为由进行了抗议，众议汹汹，要求长谷川先生撤回言论并道歉。

长谷川先生的回应是"不道歉"，结果他所负责的节目被下线。大阪电视台发布声明，称将节目下线的理由是"新闻评论员发表了不当言论"。

当我再次读长谷川先生的博客时，看到的是偏信及误解、混淆、传闻、从别人的博客复制粘贴的大杂烩，绝不是有水准的议论医疗和社会保险体系的文章。该文章片面地称透析患者是"散漫的人""自甘堕落",并向世人振臂高呼"无法容忍用我们的钱给他们做治疗",自始至终都是单纯的煽动。

健康差距是日本的定时炸弹

日本 NHK 电视台要制作名为《健康差距:向你悄然接近的危机》(2016 年 6 月 19 日播出)的紧急节目时,我与一些医生和营养学教授作为嘉宾受邀参加。21 世纪以来,"健康差距"的扩大受到研究者的关注。此前的研究所关注的主要是诸如"人在寒冷地区摄入更多盐分更容易得高血压"这种地区差异。近年,"非正式雇佣导致糖尿病并发症的概率比正式雇佣高 1.5 倍""越是低学历低收入的老年人,需要人护理的风险就越大"等研究结果逐渐明了。经济能力造成了患病风险和寿命长短的差距。

节目提出,"健康的差距是日本的定时炸弹",因为估算表明,只要消除健康差距,10 年内的医疗费用将可以减少 5 万亿日元。炸弹究竟会不会爆炸,哪里是分界线呢?

节目采取了讨论会的形式,同时在推特上向观众征集了意见。接近一半的人认为"健康管理是个人的问题,应该自己负责",也就是说,税金"应该用于真正有困难的人,救助那些自甘堕落地活着的人太浪费了"。这种观点与前述长谷川先生在博客里写的但书——"我在新闻中也有提及，本栏目完全不是在谩骂因'先天性遗传原因'而接受人工透析治疗的患者。希望不要引起不必要的误会"有共同之处。这是划了一条分界线："因'先天性遗传原因'而接受人工透析治疗的患者"不是自作自受，所以是另一回事，而那些自作自受导致身体不健康的人则是可以放任不管的。事实上，这又是一种"差距"和"歧视"。

稍有不慎，意见就会分成"自己负责"派和"社会保障援助"派——自作自受得病的人，比先天生病的人"低一等"，同时又将产生对立的结构。这与贫困批判派、最低生活保障批判派一样，很可能会成为将社会分割对立的契机。

恐怕长谷川先生是"确信犯"吧。他似乎是在明事理的情况下，故意发出"停止对自甘堕落的人给予援助"这样的过激言论，为激化矛盾提供了上好的材料。虽然这确实只是引发赞成和反对两种意见的导火索，但利用过度侵害他人权利的言语来引起社会注意的方法让人无法接受。如果赞成派和反对派的对立就是结果，那么在最关键的问题上人们将被混淆视线。

案例 1：比起蔬菜优先选择卡路里和饱腹感，38 岁得了糖尿病的快递员

"净在外面吃便宜的东西了。早饭是咖啡和面包，中午吃牛肉盖浇饭。睡饱要紧，所以我根本没想过自己做饭。总之就吃了一大堆能填饱肚子的高卡路里食物。"

知名快递公司的快递员三宅正男（化名），每天反反复复地叹气。三宅从早到晚干着体力活，休息的日子光是一个劲地睡觉。还是单身的他，38岁就得了糖尿病。由于身体疲乏，没有精力出门买食材和做饭。比起买新鲜的食物，他喜欢买便宜的能填饱肚子的食物。由于总是优先吃大量高卡路里的食物，终于发展为糖尿病。

肚子饿的时候如果手上有一个硬币，你会选择吃什么呢？同样是500日元硬币，有些人会选择蔬菜、纳豆；有些人则光买饭团、面包等碳水化合物食品。在极限边缘生活的人更容易不多加考虑地选择能够填饱肚子的碳水化合物。有人可能会想，正是因为在极限边缘生活，不更应该巧妙地多摄取蔬菜、水果的营养以维持身体健康，尽量将生活更好地经营起来吗？然而，被企业"一次性使用"的劳动者又怎么能够做到重视自己的身体呢？说起来，最容易填饱肚子的就是碳水化合物和油炸食品，而被公司毫无顾忌地"一次性使用"的他们选择了这些食品。必须再次呼吁用人单位重视职员的身体健康，采用使"人"的需求得以满足的工作模式。

贫困和生活习惯病是双刃剑

厚生劳动省实施的"国民健康营养调查",对调查对象按照家庭年收入200万日元以下、200万日元以上600万日元以下、600万日元以上进行分类,对生活习惯进行调查后得出来以下结果:

● 低收入家庭比高收入家庭摄入谷类(碳水化合物)更多,摄入蔬菜和肉类更少

● 收入越低的家庭肥胖率越高

● 收入越低的家庭越不常接受健康检查

● 收入越低的家庭抽烟的概率越高

● 收入越低的家庭牙齿少于20颗的人更多

收入越低的人越不在饮食、健康上花费时间和金钱,身体处于营养不良的状态。也就是说有这样一个关联性:收入低最终导致健康受到损害。

收入、饮食、运动量、工作种类、体质等,对健康产生影响的因素数不胜数。如果在这样的基础上产生了健康差距,恐怕不单单是个人责任的问题。

某54岁男性销售工作者在公司担任领导,家中有妻子和两个孩子。他能够顺利完成定额工作任务,年收入600万日元,有强烈的责任心,长时间工作对他来说是家常便饭。他深夜回到家会喝酒,肚子饿了就狼吞虎咽地吃拉面,这种习惯从35岁左右开始持

续到了现在。患有高血脂的他被警告应改掉不良的饮食习惯，否则随时都有可能倒下。然而，做这样的工作是为了赚钱养家，他无可奈何。这是自甘堕落吗？

"帮助'真正'困难的人吧"是诡辩

当财源紧缺时，谈到分配问题我们常常能听到这样的言论："只帮助真正困难的人吧。"这句话乍一听好像不错，但是由谁来决定谁是"真正"困难的人呢？归根结底还是说这句话的人想自己来决定。

在hotplus每年受理的500个咨询案例中，为黑心企业工作的许多年轻人都苦于抑郁等心理疾病，多数中老年人则患有脑梗塞、心肌梗塞等循环系统方面的疾病和生活习惯病。几乎没有人是不生病的，把病人分成"自作自受的人"和"非自作自受的人"的想法，不过是自以为是。我们需要的是在健康差距这颗定时炸弹爆炸之前，冷静地讨论采取何种政策才能维护国民健康，甚至减少或控制全国医疗费用总支出。

具体来说，对国民全体实施对策以提高健康水平是最为切实的方法。如果只对不注重健康的特定人群进行呼吁，那么他们是否能够保持自觉或提高相关素养就只能取决于运气。即便制作精美的预防生活习惯病的宣传手册、开展宣传活动，把宣传手册拿在手里的也是本来就关注健康的人,他们与不健康的人之间的差距会越来越大。

我在节目中也有介绍,在东京都内人均健康寿命最短的足立区,我们的职员去拜托饮食店员工,给顾客上菜时先上蔬菜。用餐时先吃蔬菜有助于抑制血糖上升,精通养生的人可能会说"先吃蔬菜不是常识吗?",但从小就没有接触过营养学的人是不知道这一点的,他们也会教给孩子错误的饮食方式。为了让更多人积极参加 hotplus 组织的身体健康检查,采用护士服也是有效方法。

老年人多的地方曾经尝试过大量设置一次 100 日元的健康体操站点。当然,100 日元请不到体操教练,不够的钱由政府出资补助。比起寻找"真正"困难的人这样毫无意义的分类,不如以全体国民为对象实施对策,这不仅能够应对健康差距问题,同时也将成为改变日本闭塞局势的突破口。近年来各项举措中最重要的一点是,故意不对政策对象进行筛选的"普遍主义"。

《蜡笔小新》中的理想家庭;至今依然火热的"中流"之梦

对于长谷川先生的言论,有大量评论认为他说得很对。之后长谷川先生虽然向公众致歉,但他表示遭受舆论抨击时,支持自己走下来的是那些赞同的声音。让人在生病后瞪大眼睛寻找自身问题,这是清除异己的行为吧。这只不过是"不想把我缴的税给别人用"的狭隘心胸，是披着义愤外衣的私愤。正是这样的人在"支持"长谷川先生。

热心于"义愤"的人不是穷凶极恶的坏人。他们认真工作、缴纳税金，是占国民大部分的"中流层"。"没有残疾人就好了""流浪汉死了该多好"，从我们开展活动初期开始，一直有人在说这样的话。表面极其和善、普普通通的人焦虑地说着"把税花在贫困户身上是浪费""自己缴的税被别人拿走，真受不了"。这些还没有沦落到社会底层的"中流层"隐隐感觉到了危险。这是一幅"中流层"警戒、憎恨着社会底层的图景。

据1958年开始由内阁府（最初为总理府）开展的"关于国民生活的舆论调查"，认为自己的生活水平为"中上""中""中下"的人，即"中流层"，在20世纪60年代中期占八成。整体分为"上"占0.2%，"中上"占3.4%，"中"占37.0%，"中下"占32.0%，"下"占17.0%。该调查的社会背景是，当时池田内阁提出所得翻倍计划，日本正朝着社会富裕、薪水上涨的目标前进。20世纪70年代，认为自己属于中流的人达到了九成，新词汇"一亿总中流"诞生了。

人们常说，"中流"和"中产阶级"在意思上似有不同。中产阶级是大学教授、律师等知识分子群体形成的阶级。日本人常常混淆"中流"和"中产阶级"，内心深处充满对中产阶级的怀旧式憧憬。该舆论调查没有指明对"中流"的定义,而是询问调查对象自己是如何认为的。如果是真的憧憬,自然应该憧憬上层阶级,但对中产阶级特有的憧憬成了干扰因素,于是认为自己属于"中流"的人不断增加。新词"一亿总中流"出现的前一年,也就是1969年,动画片《海螺小姐》开播。祖孙三代人一起住在宽敞的房子里,养着一只叫小玉的猫咪,有三个小孩子,有波平、鳟夫两位主劳力,这是现在日本人心中的理想家庭。

20年后,1992年开播的动画片《蜡笔小新》的主人公是"呼风唤雨"的5岁孩子,家庭剧中首次出现这样的3人小家庭:父亲是35岁商社股长,年收入约为650万日元;母亲偶尔外出兼职;全家在首都圈内有一套5室独户住宅,有家用轿车,每年去一次海外旅行。

当时这样的家庭给人的感觉是"中流""极其普通"。因此《蜡笔小新》引起了观众的共鸣,收获了超高收视率,被谓为怪物节目。

可怕的是20世纪90年代泡沫经济崩溃后,以及2008年金融危机后,认为自己是"中流"的人所占国民比例,和经济高度成长期相比几乎未变。2013年6月开展的相同调查显示,九成以上国民认为自己的生活水平为"中"。

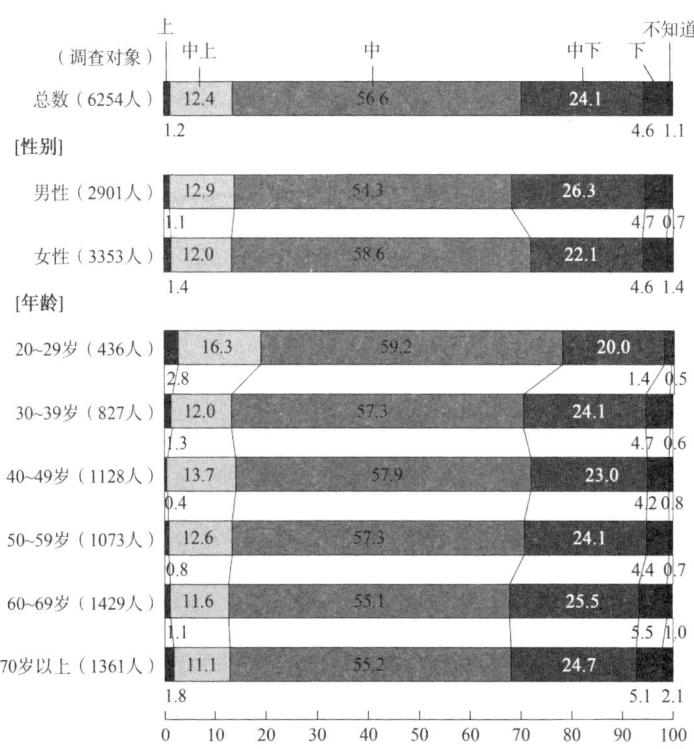

图表2-1 生活水平

出处：2014年度《关于国民生活的舆论调查》（"按社会普遍标准来说，您的生活水平如何？"）

动画片《海螺小姐》成为科幻片的那天

我不是在批判不符合现实的内容。确实，每个人都希望在电视上看到让人放松的动画片，只是现在有多少日本人会说"我们家和《海螺小姐》里的家庭一样"呢？有不同看法的人听了这话甚至会感到不快。因为海螺小姐和蜡笔小新的家庭在现在看来是根本不合常理的。

让人在意的是，继《蜡笔小新》之后，类似主题的电视动画片再也不能让人产生关于"庶民"和"中流层"的想象了。这可能是因为，稍微努力一下便触手可及的理想家庭模型已经不复存在了吧。

厚生劳动省"2014年国民生活基础调查"显示，2013年收入100万～400万的家庭占全国家庭数的比例为：

- 100万～200万日元——13.9%
- 200万～300万日元——14.3%
- 300万～400万日元——13.4%

中值（将收入从高到低排列后取中间数值）为415万日元，平均收入（528.9万日元）以下的家庭占61.2%。平均每户家庭收入达528.9万日元，可以说是奇迹般地与蜡笔小新家持平，然而这也是高收入家庭将平均值拉高的结果。各位的家庭收入真的保持在415万日元以上吗？

恐怕，我们正活在根本不存在的"中流的幻想"里。

案例 2：高学历处于社会底层，养家的 34 岁编辑律师梦碎

"这个国家什么都有，唯独没有希望。"

2000 年出版的村上龙先生的长篇小说《希望之国》中有这样一句话。

Hotplus 接到的咨询案例中，不仅有关于生活扶助方法的实务性内容，也有人打电话来只是为了向我们诉说"看不到希望"。

"我是一名合同制员工。我看不到工作和生活上的希望。能听我说说话吗？"

电话那头用虚弱的声音开始讲话的是加藤弘先生（化名，34 岁）。

加藤在东京六所大学之一学习法律，学生时代以当律师为人生目标。然而，几次司法考试落败后，他最终被能运用法律知识的实务类书籍出版社录用，作为编辑入职，已经做了 6 年合同制员工。

加藤的月均工资约 18 万日元，年收入约 200 万日元。他家中有妻子和 4 岁、2 岁的孩子。加上妻子打零工的收入，家庭年收入约 300 万日元。他们在东京都内租了一套二居室，房租 10 万日元。

"刚开始工作的时候，我以为只要努力，总有一天能变成正式员工。过了 6 年，公司始终没有这个意思，合同和待遇也没有发生变化。20 多岁的时候，我以当律师为目标奋斗过，但是后来为了生活，我自己放弃了。没通过司法考试是我能力不够，这我自己清楚。

"最近，一想到以后孩子的教育问题、我和妻子的健康问题、年老后的事情，胸口就像被石头压着似的，我感到深深的不安。如果不找到比现在待遇更好的工作，生活境况将好转无望……只是我这个年龄还能再找到下一份工作吗？能成为正式员工吗？心里只有不安……"

比起向人求助，加藤像是更希望有人能倾听他的烦恼。我静静地听完后，向他介绍了房租便宜的公营住宅，并解释了找工作不仅可以去公共职业安定所，还可以咨询自治体运营的以职业介绍、就职扶助为目的的技术人员短期职业介绍所，同时也向他介绍了职业训练项目等。

如果简历上只有合同制工作的经历，即便换了工作也往往只能是合同制员工。在雇佣形态固定、非正式员工超过四成的日本，非正式工作依然很难被看作工作经历。再加上 34 岁的年龄，足以让加藤感到焦虑、痛苦。

1000 万人 40 多岁仍是非正式员工

立志成为律师也好，没有通过司法考试也好，这是任何人都可能经历的人生片段。问题是，对于由于各种原因无法成为正式员工、没有成为正式员工就开启职业生涯的人，能够在职业教育、职业选择上帮助他们的机制少之又少。

在"美国梦"被认为已经破灭了的美国，"帮助战败者重整旗鼓"的机制比日本多得多。在日本，超过一定年龄后，低收入和不稳定的雇佣状态就很难被改变了。1998年就业冰河期，当时就业受挫、从事不稳定工作的年轻人，直到40多岁了仍被叫作"穷忙族""啃老族"。到40多岁仍从事非正式工作的人，从年龄上看今后仍是非正式员工的可能性非常之高。他们年收入达不到400万日元，随着年龄上升，失去工作的可能性也越高。

"不够努力""没这个能力就放弃吧"，谴责他们对未来没有规划是简单的。但是，贫困一代的"小集团"在20年后将有可能变成需要最低生活保障的"大集团"。现在的我们难道不该对20年后的未来负责么？

厚生劳动省"非正式雇佣的现状和课题"（2015年）公布了以下最新数据（根据总务省的劳动力调查汇总的数据。也有其他调查显示非正式率达到40%）：

▷ 非正式雇佣员工约1980万人

▷ 非正式率达37.5%

▷ 非正式雇佣员工包括兼职员工961万人、临时工405万人、合同工287万人、派遣员工126万人、特约人员117万人、其他83万人

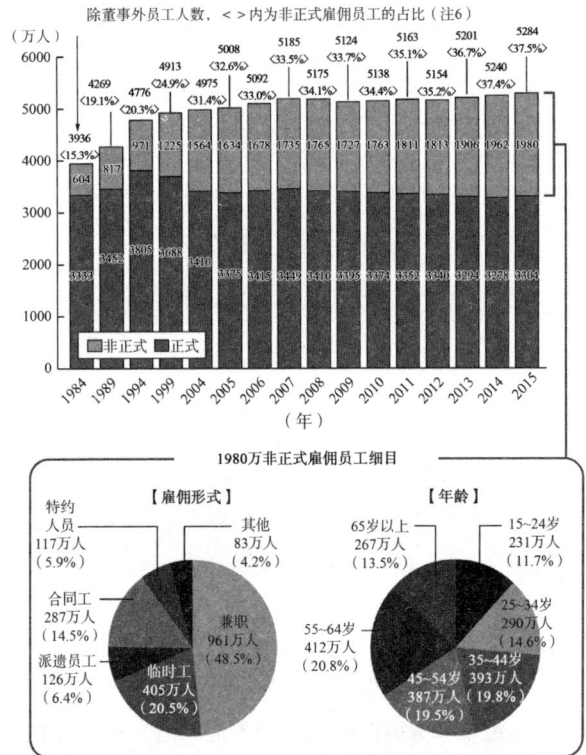

图表2-2 正式雇佣与非正式雇佣员工的变化

资料：至1999年的信息参考总务省《劳动力调查（特别调查）》（2月调查）长期变化表9，2004年后的信息参考总务省《劳动力调查（详细统计）》（年均）长期变化表10。

注：1. 2005年至2010年的数据，是基于2010年国势调查预测人口（新标准——根据国势调查确定人口推算——统计的（百分比除外）。
    2. 2011年的数据为根据国势调查标准补全受灾三县后的测算值。
    3. 雇佣形式按照职称进行分类。
    4. 正式雇佣员工被称为"正式职员或职工"。
    5. 非正式雇佣员工包括"兼职工""临时工""劳务派遣单位的派遣员工""合同工""特约人员""其他"。
    6. 百分比是占正式雇佣员工和非正式雇佣员工总数的比例。

▷ 25～54岁的非正式雇佣员工约计1070万人

1989年非正式雇佣员工有817万人，26年后达到近2000万人，且无转正机会。"非出于个人意愿"的情况下，依然从事非正式雇佣工作的人所占比为：25～34岁占26.5%，35～44岁占17.9%，45～54岁占16.9%。

向所有人悄然接近的贫困阴影

泡沫经济崩溃后，企业依旧咬牙苦撑：保障福利待遇，培育训练职员，即使有职员不能胜任现有的工作岗位，也会通过调岗继续培养人才；按照年功序列上涨工资，以帮助员工抚养子女、赡养老人。

到那时候为止，陷入贫困的人在某种程度上是有限的。典型代表是过度使用体力的建筑工人等以长时间劳动为常态、容易使人身心俱疲的岗位。这些劳动者步入中老年后，如果身体衰败、失去收入来源，则求助于劳动者灾害补偿保险和最低生活保障。也就是说，当时只有从事一部分职业的人属于贫困人群。然而，2008年金融危机骤然改变了一切。

企业完全舍弃了咬牙坚持的家庭式经营模式，转向成果主义。提拔能干的员工，给予他们更丰厚的报酬，似乎是公平的举措。然而，这种日本新型雇佣模式本质上不过是"增加便于使用的员工"。

图表2-3 无转正机会的非正式员工（非出于个人意愿）所占比

	人数（万人）	百分比（%）
全体	315	16.9
15～24岁	28	12.8
25～34岁	71	26.5
35～44岁	67	17.9
45～54岁	62	16.9
55～64岁	64	16.6
65岁及以上	22	8.8

资料：总务省《劳动力调查（详细统计）》（2015年平均）表Ⅱ-16。
注：非出于个人意愿非正式员工指回答处于非正式雇佣状态的主要原因为"没有正式职员或职工的工作"的人。
百分比的分母为非正式雇佣员工中回答"处于非正式雇佣状态的主要原因"的人。

能成为"即时战斗力"的人赚得盆满钵满，不能成为即时战斗力的人则做着被派遣等非正式工作，成为调节雇佣的阀门。能挣钱的人挣到了大钱，但大多数人无论如何努力，按照雇佣合同都只能拿到15万～17万日元月薪，且工作量与收入不成正比。即便是能赚到钱的人，也不可能一辈子不断地为企业提高收益，一旦业绩下跌就会被企业舍弃。因此，大多数人都不能一直留在某个公司，工作能力也无法得到提升。这已成为常态，企业甚至逐渐缺失培养新人的意识。

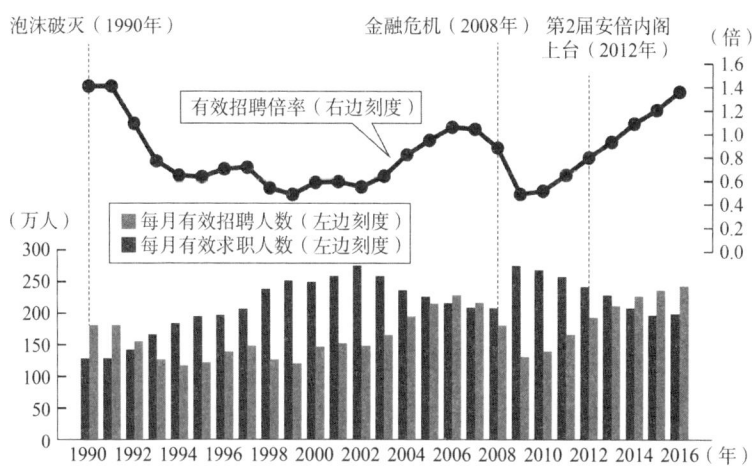

图表2-4 被时代浪潮冲刷的就业市场（有效招聘倍率的变化）

※1990年到2015年的数据为年平均数值，2016年为5月份的数值（季节调整值）。
出处：厚生劳动省《一般职业介绍情况》，《每日新闻东京晚报》（2016年7月6日）

即便顺利找到工作、结婚成家、建好房子，由于公司合并、业绩下滑等原因，再也无法升职加薪的案例也日渐增加。

在日本，逃离如即将沉没的大船一般的企业并不是良策。与欧美相比，日本在失业补助和职业训练制度等方面的不完善，导致再就业十分困难。实际上，换工作后降职的案例在日本层出不穷。流程化的工作无法培养人真正的职业本领，若不是掌握独有的职业技能，换工作后就会被降职。本来是为了摆脱原来的状态而选择换工作，但换工作后若收入下降，反而会陷入恶性循环。

因此，尽管收入逐渐减少，人们也只能抱紧现有的工作不敢跳槽，陷入闭塞的环境之中。

大叔在高速公路下过夜

我从 2002 年开始参与流浪汉援助活动，那年的有效招聘倍率跌到了谷底。当时，大学的前辈们正面临就业冰河期，即就业市场最惨淡的时候，面试了好几家公司都被告知"我们不需要你"。学生肯定没有职业技能，于是公司就挑性格上的毛病，"你的性格不适合我们公司"。所谓求职就是自尊心受到伤害、自信心丧失殆尽的试炼。正想着就是这么回事的时候，我邂逅了一位博学的、社会经验丰富的大叔。

当时我大学二年级，一天早晨，在骑着自行车去打工的路上，撞倒了一位 50 多岁的男性。我道歉后径直赶去了打工的地方，下班返回时发现那位大叔仍在原地。糟了，我把人撞伤了吗？我惊讶地上前道歉道："对不起，我把您撞倒了。您没事吧？从早上开始您一直活动不了吗？"然而大叔说道："不，我住在这附近。"说着穿上运动衫，在外环机动车道下搭起帐篷住了一夜。

当时我对流浪汉并不感兴趣，只是听说过有这样一群人。在与大叔的交谈中，我得知他毕业于有名的经济大学，曾是某知名银行的职员，被裁员后沦落到了当时的境地。

"人生真是充满变数啊。"

大叔和我的父亲年龄相仿,我为此对他产生了同情。讲到家庭的时候,我得知大叔与妻子离异,有个和我一般大的儿子。在那之后,我开始了平时上学,周末打工,打工回来后去大叔那儿聊天的日子。山一证券破产的原因、经济停滞不前的原因,我听大叔讲了许多关于这些问题的独到见解。

集体申请最低生活保障的"过年派遣村"的人们(2009年1月5日,东京都千代田区政府,木叶健二/摄)

"那个时候太忙了,搞坏了身体,得了抑郁症,酗酒逃避现实,确实是我不对。没有忍下来是我的错,但是人生就是这样啊。还是失败了也能重新振作起来的社会好啊。我把退职金都给了妻子，以为自己马上就能找到下一份工作，谁知道过了50岁就找不到工作了啊。"

原来是这样，因为找不到工作才成了流浪汉啊。我受到了冲击。半年后，大叔消失了，我再也没有联系到他。

资本主义社会通过不断累积财富，获得经济发展得以残存。在需要进行世界范围内的竞争的经济全球化背景下，劳动者成了牺牲品。我认为，在发展经济的同时，应该以完善社会保障为目标，同时运作好经济发展和社会保障的双引擎。恐怕，被认为是成功者的银行工作人员、公务员、上市企业员工也难逃厄运。即使是有高收入、高社会地位的人，也会因为护理、离婚、疾病等各种因素，以及伴随这些因素的离职，轻易陷入贫困。

这个时候，不仅仅着眼于扩大资本，而是加强教育和职业培训，整顿并提供让人感到安心的、"人"的需求能够得到满足的社会环境，并在此基础上专注于研究技术革新，这样的提案如何？有一份维持生计的工作是人的权利，不仅是义务教育，接受职业训练等也是人的权利。如果这些国民权利得不到保障，国家的科学技术水平就难以得到发展，经济界翘首以盼的科技革命也难以到来吧。对个人来说，有维持生计的工作和没有维持生计的工作，人生面临的选择将完全不同。

若不对教育做出这样的投资，从我们这代开始，日本将不再有诺贝尔奖获奖者了吧。劳动者的专业技术的缺失将导致生产力的下降，经济发展不也将越发缓慢吗？

案例3：为赡养老人离职，住在地板残破的独户住宅里的80多岁母亲和50多岁儿子双双倒下

即使这样，社会价值观依然未变。贫困被认为是懒惰者才会遇到的问题，只要洗心革面、认真工作就能"治好穷病"。有做不到的事碍于脸面不好意思和他人商量。没有积蓄是自己不对，和家人关系不好是自己不对。癌症末期靠止疼片镇痛，坚持工作。没有收入看病导致病情恶化。明明有免费看诊的医院，却因未申请最低生活保障而为时已晚。

特别是在现代社会，人们越来越长寿，为赡养老人而离职导致陷入贫困的案例是高发的。

下面向各位介绍居住在埼玉县上尾市的55岁男性本山诚（化名）的案例。

接到求助电话后，我上门来到了本山在市区的家中。本山的家是独户住宅，外表看起来非常气派，进门后，却发现地板有破损，厨房肮脏无人清理。在堆满垃圾的四居室套房里，一位80多岁的女性静静地躺着。由于患有认知症，她听不懂别人讲话，几乎卧床不起。

照顾她的是她的独生子本山，单身。8年前，本山是一名地方公务员，为了照顾母亲而辞职后，靠母亲约4万日元的国民年金和打工赚取的费用勉强度日。不料母亲病情加重，无法独处，本山便辞去了便利店的打工。没有和任何人商量，本山一点点地消耗着退职金，手头只剩不到1000日元的时候，他终于打了电话向我们求助。

"对不起。我连自己的生活都无法自理了。用完这800日元后一切都结束了。我没有工作，好痛苦啊，说实话连想死的心都有了。"

脏乱的屋子里，本山缩在角落。

本山说："我妈不会愿意接受护理救助的。"因此他没有申请护理保险。并且，他一心以为有房子就不能申请最低生活保障，同时由于他曾是公务员，碍于面子没有和任何人商量。我们紧急申请了护理保险和最低生活保障。两项申请都被通过，立刻就有人被派来帮助本山。

因赡养老人离职后无法工作，这就意味着提前开始使用报酬比例部分的年金。申请护理保险，发挥它应有的作用并继续工作，才是让两代人都能安枕无忧的计策。"辞职了自己总有办法的吧"，请放弃这种想法，灵活使用护理保险制度。

从本山的案例来看，"护理应该是家里人做的事，不能交给别人来做",他有这种强烈的意识。护理保险制度和最低生活保障制度都是申请主义,也就是说不愿给他人添麻烦的人是很难伸手求助的。我只能认为让人产生这样的"顾虑"是一种"策略",以便减少向这些制度求助的人的数量。你申请的话就来帮助你,这种制度构造,对不知道如何申请的人来说本身就是不友善的。

案例4:20年"家里蹲",50多岁男子在其母亲遗体旁向我们求助

如果说日本的"定时炸弹"之一是即将迎来古稀之年的团块世代对健康的不安,那么第二颗炸弹,应该是对隐藏在社会角落的"家里蹲"的置之不理吧。

虽然"家里蹲"不出家门,不与人交际,昼夜生活颠倒,使我们无法获取他们的确切资料,但根据推进"家里蹲"自立生活的援助组织NPO法人Teranet-EN统计,导致"家里蹲"的主要原因有很多,其中包括欺凌、疾病、求职失败等。其中,"不适应职场"的人占半数。说到"家里蹲",很多人脑海中浮现的形象是"在房间里昏天黑地地打游戏的年轻人",但实际上他们更多的是想要工作却遇到了各种困难的人。而且,"家里蹲"中的多数人是"团块二代",即35岁至45岁的人。

在日本,不就业就很难有机会认识不同出身、不同年龄段的人,并与他们共同切磋进步。类似于欧美的"沙龙""教会"中的人际关系，日本有过的"町内会""青年团"等组织都瓦解了。雇佣形态崩溃后，首当其冲的是"迷失的一代"，他们自然错失了学习为人处事之道的机会。他们的父母已过花甲，靠啃父母的年金生活的人和逐渐增加的低收入劳动者并行，这种状态仍在持续。这些人外出的契机只能是父母去世。接下来要介绍的这位男性的案例，或许可以给今后的改革指明方向。

"今早母亲去世了，我不知道该怎么办才好……"

某日下午，我接到了一个求助电话。电话另一头的求助者是住在埼玉县的盐田功先生（化名，53岁）。据他所说，早上起来后发现87岁的母亲去世了。

"请问令堂的遗体在哪里呢？"

"在我旁边……"

"请问您有钱吗？"

"嗯。母亲有一些积蓄……"

"好的。首先请报警，然后打电话给殡葬从业者，按要求办完手续后，目送令堂离开吧。"

"啊，是啊。"

对话进行到此时，盐田仿佛终于回到了现实。

概括一下盐田说的话，情况大概如下。

去世的母亲曾是一名教师，离婚后一直与儿子盐田生活在一起。曾一度担任过学校校长的她教学经验丰富、雷厉风行，退休后当过特聘教师，特聘期结束后过上了养老生活，是一位非常可靠的母亲。由于是在公立学校工作，每月有约23万日元的共济年金。一方面，盐田在年轻时上班，30多岁时因生病辞职回了老家——在县内的公营住宅。

母亲身上出现认知症的症状后，盐田拼命支撑起了这个家，而母亲的年金则支撑着除打短工的收入外没有固定收入的盐田。正如字面上的意思，两人相依为命地生活。

盐田选择了不需要承担棺木费用和火葬费的"直葬"。这是经济负担最小的葬礼。盐田已经不得不靠自己活下去了。

"没有母亲的年金意味着我要死了吗？"

盐田的住房是以母亲的名义租用的公营住宅。为了应急，我先陪盐田办完了能借名义租房的手续，以及最低生活保障申请手续。

"为什么这把年纪了还没存款呢？"才20岁出头的福祉科职员刨根问底地反复询问。盐田没有工作，差点失去了住所，只能给予救助。

如果盐田没有打电话向我们求助会怎么样呢？他可能会隐瞒母亲的死亡继续领年金。这可能会成为日本国内频发的欺诈事件之一。虽称之为欺诈，但很少听说有人拿着年金挥霍游玩。被捕的中老年人总是回答"用作生活费了""我知道这样做不对，但是为了活下去实在没办法了"。

日本的年金机构灵活使用居民基本台账网络，可以对年金领取人进行生存确认。那些年龄过百的长寿老人真的还活着吗？只是，听说现在只要把遗体放在家中，不上交死亡确认书，即便是核对身份证，也无法进行生存确认。

300万？日本"家里蹲"人数众多的原因

内阁府对"家里蹲"做了以下定义："狭义"上来说，"会从自己房间里出来，但不出家门"的人；"准家里蹲"是指"平时待在家中，只在做与自己兴趣相关的事时出门"的人。并测算出广义上的"家里蹲"有69.6万人。[《年轻人意识相关调查（"家里蹲"相关实态调查）》，2010年]

该调查的前提为"'家里蹲'＝年轻人"，因此像盐田那样年龄在40岁以上的人并没有在调查对象范围内。据"KHJ全国'家里蹲'家庭联合会"推测，如果将能够偶尔外出的人也算在内，囊括全国各个年龄段的人，总共有300万人是"家里蹲"。实际上的人数就像黑箱一样难以得知。

英语中的MANGA（漫画）等单词直接来源于日语，HIKIKOMORI（家里蹲）也是其中之一。表示外出困难者的shut-in与"HIKIKOMORI"的区别在于，后者反映的问题可能与羞怯性格无关，而是源于20世纪90年代后日本雇佣制度的崩溃，以及不容许越界的集团主义社会习惯。专家指出，导致一个人闭门不出的压力，不仅仅是在文化和社会现象的相互影响之下产生的，不仅仅来自家庭外部。在家庭内部，望子成龙的父母以各种形式施加的压力也是导致他们的孩子闭门不出的主要原因之一。

盐田的母亲曾是校长，由于她本人已经去世，我们无从知晓她努力的身影是否给盐田造成了压力。厚生劳动省从2013年度开始培养上门援助'家里蹲'、帮助其走出家门的援助者。然而，恐怕没有母亲会对外人倾诉："儿子是'家里蹲'，我们很烦恼。"

第1章也讲到与父母辈意识上的出入、"不好是因为你自己"等言论。这个社会，不仅不救人，反而会把人逼到无路可逃。这种沉默的社会压力静静地将各种各样的问题强加给家庭。

长期在家内闭门不出，会导致身体机能下降、精神力量虚弱，因而"家里蹲"比普通人需要更早接受护理。这一点在本章开头所介绍的以健康差距为主题的节目也有指出。"家里蹲"问题最终与"日本的定时炸弹"——健康差距是同一个问题。2020年后，所有团块世代成为75岁以上的老人，"劳动过度"和"不劳动"这两个点火装置将几乎同时点燃定时炸弹。

我不由得祝愿失去母亲、接受最低生活保障同时在寻找工作的盐田，希望他尽可能平安度过一生。

图表 2-5 对"家里蹲"的定义及测算人数

	有效回收数所占比例（％）	全国测算人数（万人）	
平时在家，偶尔去附近的便利店等	0.40	15.3	狭义上的"家里蹲"23.6 万人（注4）
会从自己的房间出来，但不出家门	0.09	3.5	
几乎不出自己的房间	0.12	4.7	
平时待在家中，只在做与自己兴趣相关的事时出门	1.19	"准家里蹲"46.0 万人	
总计	1.79	广义上的"家里蹲"69.6 万人	

注：1. 以 15～39 岁的 5000 人为调查对象，有效回收 3287 人的回答（65.7%）。
   2. 本调查只统计符合表中对"家里蹲"的定义并维持状态超过 6 个月者。"导致现在的状态的原因"为患精神分裂症或其他身体上疾病者、在家办公者，"平时经常在家做的事"为"家务、育儿"者除外。
   3. 全国测算人数由有效回收数所占比例乘以总务省《人口推算》（2009年）中 15～39 岁人口（3880 万）得出。
   4. 狭义上的"家里蹲"23.6 万人，与厚生劳动省《对"家里蹲"的评价和援助相关指导准则》中测算的 25.5 万基本一致。
出处：内阁府《年轻人意识相关调查（"家里蹲"相关实态调查）》（2010 年）

建议 2 援助从寻找生活穷困者开始

在日本，"家里蹲"人数众多的重要原因之一，是年过 20 岁的成年人依然和父母同住在一个屋檐下。子女与父母住在一起，本是为了赡养父母，然而随着日本人越来越长寿，子女成年时，也正是父母年富力强之时。父母在持续抚养子女的过程中老去，几乎没有工作经验的子女不得不背负起赡养父母的责任，生活难以为继。

在欧美，父母抚养子女到他们年满18岁或者说成年为止。父母从小培养孩子的自立能力，孩子满18岁后就可独立生活。因此，在欧美人看来，人到中年依然在父母身边、靠父母吃饭的"HIKIKOMORI"是稀奇的。

公营住宅不面向年轻人出租，单身公寓房租高昂，种种问题导致许多人不得不与父母住在一起。培养帮助"家里蹲"回归社会的援助者固然重要，但更为重要的是挖掘出并解决导致"家里蹲"闭门不出的根本原因。

就案例3而言，在盐田已经穷困到家中地板残破、即将饿死的情况下，住宅区内没有一个人注意到情况的异常，这与盐田家外表看起来漂亮整洁也有关系。

针对贫困引发的事件，常能看到这样的言论，"没有注意到""明明只要说一声就会有人帮忙"等。然而，人一旦认为贫困是自己造成的，或是被强加以这样的思想，是很难向周围伸出求援之手的。

东京都 23 区内流浪汉的人数自平成 11 年（1999 年）达到峰值 5800 人后呈逐渐减少的趋势。平成 27 年（2015 年）1 月调查结果比前一年度减少 177 人，共 778 人。

这表明都区共同事业自立援助系统发挥了重要作用，同时，按规定使用最低生活保障等也是重要的原因。

东京都福祉事务所在官网上自鸣得意。官方统计的流浪汉人数并不准确，这在我们救助者间是众所周知的。官方所宣扬的"成果"，即在晚上关上公园的大门，不让流浪汉露宿室外，并把他们送入简陋的住所隐藏起来。在我骑自行车撞倒了那位大叔并与他相识后的 15 年里，有人机智地从垃圾场捡西装穿，有人靠打零工维生，在公共厕所给手机充电。逐渐在全国普及的胶囊旅馆、网络咖啡厅、漫画咖啡馆等都可以是他们的住所，这些地方可以淋浴，也有剃须工具。恐怕已经谁都察觉不到，也分辨不出哪些人是流浪汉了。流浪汉本人为了不被人指指点点，对自身着装也有一定的讲究。

20 年来，东京都福祉事务所不知变通，固执地遵守着《流浪汉自立支援法》中对流浪汉的定义，即"擅自将城市公园、河川、道路、站内建筑等作为日常起居场所生活的人"。工作人员在白天上班时间内，仅凭肉眼对流浪汉进行人工计数。

留着邋遢的长发和胡子，成天不洗澡，在地上铺纸板箱睡觉，白天穿着破烂的衣服在街上晃悠——这样的流浪汉已是少数。有些身着西装行走在住宅区的人，反而可能正辗转投宿于各个网络咖啡厅，身体也破败不堪。

1. 所属家庭不持有房屋产权。
2. 有房屋但无法进入内部，或以车辆、船舶为临时住所。
3. 即将失去房屋产权。
4. 有可能在28天内成为流浪汉。

以上是英国对流浪汉的界定，若据此进行调查，那么超期缴纳房租者、在网络咖啡厅生活的人、在车上生活的人等就都在援助范围内。如果不采用能够将本山和盐田这样的例子也包含在内的统计方法，即便做了调查也难以对症下药。

不得不说，日本的流浪汉概数调查恐怕是毫无意义的，因为这样的调查无法成为把握援助对象的根据。与其安排人手去河堤上一个个统计，不如做些能够揭露现在的流浪汉以及贫困者生活情况的调查。

根据英国对流浪汉的定义，现在日本已经有大量人流离失所，成为流浪汉。在日本，贫困持续蔓延，贫富差距不断扩大，人人都被无家可归的危机步步紧逼。

2016年，国土交通省发布规定称，向住进空房的有未成年子女的家庭、老年人给予最高每月 4 万日元的房租补助，向收容无家可归者的房屋主人最高提供 100 万日元的房屋改造装修费用。该政策最早将在 2017 年秋天开始施行，不仅能够解决严峻的空房问题，同样值得期待的，还有对有未成年子女的家庭和老年人的生活援助。

如何将社会现状传达给包括经济团体联合会（简称"经团联"）在内的企业高层是一直以来的难题。日本的大型企业依然珍存着日本经济停滞前的年功序列制度。我曾想，趁着大型企业还有活力，若能通过雇佣体制改革改善日本的劳动环境该有多好。

然而，在从事非正式雇佣劳动的年轻人、单身母亲贫困家庭逐渐增多的同时，在上市企业工作的领导层也面临子女找不到稳定工作的情况。

如果身边的亲属中，有工作了三五年就辞职的年轻人，请不要急于教训"你给我好好工作"，请先倾听他们身上到底发生了什么事。

事实往往是人们在有这种意识之前，就先发出了"雇用年轻人原来这么不容易啊"之类的感叹。除了自己的孩子，还有身边的侄子、侄女、孙女、外甥。希望人们能与身边的晚辈近距离接触，切身感受他们的处境。

"听说那家的侄女又辞职了？"

"哎呀,那家人也不容易啊。"

从我的经验来看,只有当事人或是与当事人有过近距离接触的人,才能对贫困有切实的感受。与贫困擦肩而过的场景不断上演。比如说在遇到那位大叔之前,我从来没有切身体会过贫困者的感受。即便没有切身体会,我想这也不会妨碍到我的学生生活,即便这个社会已经失去了持续发展的可能性。

第 3 章

女性的贫困

本章将一边回顾女性所处的立场，一边解析为什么在日本这个发达国家仍有那么多的女性处于贫困状态。

1985年《男女雇佣机会均等法》（以下简称《均等法》）的出台，为破坏雇佣制度提供了借口。给予男女同等薪酬，表面上看起来是消除了男女工资差距，却与1986年通过的《劳动者派遣法修正案》一齐规定，所有派遣员工不论男女都属于非正式员工，这可以说是政府为了减少人事费用而出台的奇策。1985年至1986年正处于泡沫经济鼎盛期，谁都没想到在后来的10年中，《均等法》会发挥这样的作用。

男性就业条件被破坏以后，家暴、离婚、高龄贫困者、单身母亲的困苦、孩子的贫困等问题如雪崩一般来势汹汹。如果男性的雇佣制度遭到破坏是因，那么女性遇到的各种困难则是果。

经济高度成长期后一直处于贫困状态的女性

在就业稳定的经济高度成长期，女性的升职、加薪因为"一结婚就会辞职""这份工作不会做得长久"等理由受阻，所以即使是在过去富足的时代，女性也是"贫困"的。不论丈夫的工作收入多稳定、社会地位多高，女性一旦遭遇离婚就会陷入困境。我曾看过一部讲述战前故事的戏剧，剧中的女人不幸遭遇离婚，正当我被剧情走向吸引，屏住呼吸往下看的时候，她立刻嫁入了与前夫家只相隔两三栋住宅的单身男子家中，这不免令人震惊。再婚的形式非常简单，总而言之，对剧中的女性来说，结婚是生存下去的手段。

上文举了一个极端的例子，在现实生活中，离婚或丧偶的女性若没有从事任何职业，便会被父母接回老家。老母亲、离婚的女儿、孙子的口粮，全部都由老父亲承担。通常情况下，这是壮年男性力所能及的。可见公司发放住房补贴、家庭补贴等福利，也是为了促进家庭生活稳定、让男性能够更好地工作。企业雇用一个男性，相当于养活一个家庭。

由此产生的另一个问题是，男性要承受极大的压力。向田邦子在《父亲的道歉信》里描述了战前日本社会的家庭，作品中有一位每天总在发脾气的父亲（保险公司职员）。

然而，那是一个将妻子能够忍受丈夫的脾气视为美德的时代。

虽然"隐忍是妻子的美德"的风气尚未消失，但是随着政府定下"一亿总活跃社会"的目标，身怀技能的女性、能自力更生的女性日渐受到好评。长久以来，所谓"母性神话"认为女性比男性更适合育儿。企业一方面逐步为女性配备同男性一样的升职渠道，一方面期待女性能兼顾育儿和工作。我们是否迎来了一个前所未有的对女性要求过多的时代？这最终只会激化各种矛盾，并导致社会系统溃败。无论在哪个领域，失败的结果总是由弱者承担。

案例1：在被双亲忽视下成长起来的17岁打工女高中生的未来

上野优香（化名，17岁）是埼玉市定时制高中的二年级学生，一个人住在市内的公寓里。上野的父亲在她出生后便不知所踪，她遭到有精神疾病的母亲的虐待，后被送入儿童福利院。由于卖淫等不良行为，上野接受了青少年规范行为指导并完成了义务教育。现在，她以打工的干洗店的名义租房居住，但由于经常生病、出勤时间不定，被干洗店要求辞职。不忍坐视的班主任老师向我们打来了求助电话，告知了更详细的情况。

上野月收入13万日元，扣除所得税、社会保险费、4万日元的房租后所剩无几。

老师说："再这样下去毕业都成问题。我想尽一切办法帮助她，如果不能毕业，上野同学的将来会是一片黑暗。"

然而，上野本人却说："将来？高中能毕业就够了。"一副事不关己的样子。因为无法依靠母亲，她一直一个人生活。在定时制和通信制高中，家庭情况复杂的孩子很多。因为得不到父母的关爱,所以反复通过卖淫、自残等自我伤害行为来证明自己的存在,这是低自尊的常见表现。尽管如此,在我们的多番问询之下,上野终于开口了:

"想从事美容行业,然后早点结婚,组建幸福的家庭。"

斩断贫困的锁链,关键是教育投资

上野需要从高中毕业,然后进入专门学校学习手艺。不这样做的话,她将一辈子身处低收入群体中,组建家庭后也难以摆脱这样的命运。在所谓的底层高中,29%的男生和16%的女生能在二月份的毕业节点找到工作,没有未来方向的男生占52%,女生占65%(据首都大学东京《有关高中毕业生的就业方向调查》)。学生的前途非常不稳定,越是没有接受过良好教育的学生,今后的家庭收入越低,甚至可能处于食不果腹的状态。其中,也存在由于交通费过高而无法上学的情况。

上野与我们约定了好好从高中毕业,我们向她介绍了能拿到美容师资格的公立职业训练学校。只要她告诉我们自己的期望,我们就有办法帮助她。虽然上野神情阴郁,但她着装整洁,完全不会给旁观者留下"贫困"的印象。

教育所影响的不光是收入,还有在人际交往中形成的人脉关系。比如,高收入群体中的律师、医生、政治家,他们即便失业了,也会有朋友说:"我想办法帮帮你吧。"在这一点上,越是像上野这样处于社会底层的人能得到的帮助越少。在日本,人与人的差距是巨大的,早已形成分明的阶级社会。

很多学校虽然配有社会工作者,但都规定学生的本分是学习,"对学习懈怠"的学生会被退学。在我看来,学习固然重要,但当孩子不学习时,作为老师,第一步应该是将心比心,寻找孩子们松懈的原因。令人高兴的是,近来意识到这一点并付诸行动的老师不断增多。

不管怎样,能引导孩子找到内心的希望才是关键。

"虽然我没有钱,但我真的很想要完成这件事。"

能听见自己说出这句话,就是成功的第一步。

穷途末路的单身母亲

我在上一节讲到"斩断贫困的锁链",仔细想想,对上野的母亲来说这是一句失礼的话。虽然有的母亲对孩子不闻不问,接受生活补助,整天在家睡大觉,但是孩子一定要与她们"断绝关系"才能成长吗?

上野的确一直受到母亲的虐待,但这可能是因为父亲的失踪将母亲逼入了绝境。很多单身母亲是精神病患者。"再这样下去,我会忍不住对孩子大打出手",向hotplus求助的母亲也很多。

在日本，夫妻分开后母亲得到抚养权的情况较多。除了育儿是母亲的责任之类的母性神话外，男性无法哺乳、不懂得如何给小孩洗澡也是一部分原因。负责调停的家庭法院考虑到这一点，常常要求男方负担抚养费。但是，能按照要求支付抚养费的父亲只是极少数。

尽管母亲持有抚养权，父亲有抚养义务，但据 2011 年全国单身母亲家庭调查结果显示，离婚后仍在提供抚养费的父亲只占 19.7％（2006 年度的调查结果为 19％），离婚后仍在提供抚养费的母亲只占 4.1％。

也就是说，对母亲来说，兼顾育儿和工作（赚钱）是沉重的负担。虽然我并不完全认同这样的说法，但是希望各位想象一下在工作中受了气，回到家就对家人撒气的"昭和父亲"。对单身母亲来说，她们没有撒气的对象，也没有倾诉的对象。

母子饿死在"经济大国"

2013 年 5 月，在大阪市内一栋公寓里，人们发现了倒在床上的 28 岁母亲和她 3 岁的儿子。带厨房的一居室里没有冰箱，电和煤气都停了，食物只剩下盐。死者银行账户里只剩下十几日元，屋内的一张纸条上有一句潦草的话："到最后都没让你吃饱饭，对不起。"大阪天满警察局推测"因生活穷困而饿死的可能性很大"。

不是"没让你吃饱饭,对不起",而是"到最后都没让你吃饱饭,对不起"。说明这位母亲是眼睁睁看着孩子被活活饿死的。警方调查后得知,儿子先断气,母亲死在其后,死亡时间是当年2月左右,直到邻居闻到异味报了警。

hotplus帮助解决生活贫困者的住房问题,我们接触过多起因贫穷而饿死的案件。

在某一个夏日,一位房东打来电话,说进入公寓之前闻到了一股陌生的臭味,门缝间有苍蝇飞进飞出。房地产公司拿备用钥匙小心地打开门后,一群苍蝇蜂拥而出。

房间的角落里横躺着漆黑的尸体,呕吐物、汗、体液以及粪便从尸体里渗出,在地上流淌。情景甚是凄惨。

人无法选择死法,谁都有可能在明天死去。但有一种说法是"以饿死的方式自杀"是不可能的,因为这是一个漫长而痛苦的过程。

根据母子饿死事件的相关后续报道,那位母亲没有请求行政援助,也没有向民生委员寻求帮助。大概由于长期遭受家庭暴力,害怕藏身之处被丈夫发现,她没有做居民登记。她也许知道,在尚未离婚的情况下申请最低生活保障,她的家人就会收到"能否帮助她呢?"之类的消息,从而暴露行踪。

即便如此,她依然可以通过其他方式得到救助。然而,她为了逃避家暴的丈夫四处躲藏，似乎错失了得知这些信息的机会。碰到住在附近的人，也只寒暄两句，谁也无法向她伸出援手。

半数单身母亲家庭的存款不到 50 万日元

母子饿死事件引起了单身母亲们的共鸣："这或许就是明天的我。"根据前文提到的调查，47.7%的单身母亲家庭存款金额不足50万日元。一旦发生意外，这些钱能在一天之内被用尽，单身母亲们还要为生计苦恼。

能够维持生计的标准是，即便发生意外也有足够应付3个月日常生活开支的储蓄。但这是一个难以达到的标准，原因在于所谓的"昭和的遗产"使女性升职加薪困难重重。不仅如此，在日本经济停滞的20年间，年轻一代被临时雇用的现象越来越普遍。另外，国民最低工资标准仍然处在低水平。2011年度的调查显示，在日本的所有家庭中，单身母亲家庭占2%，也就是约124万户。在每6个国民中就有1个穷人的情况下，单身母亲的贫困率超过50%，平均年收入为181万日元，不到全国家庭（户主年龄18～65岁以下家庭）平均年收入的40%，比其他有孩子的正常家庭少400万日元。不管是在婚前还是离婚成为单身母亲后，她们都被剥夺了从事高技能专门职业以养育孩子的机会。

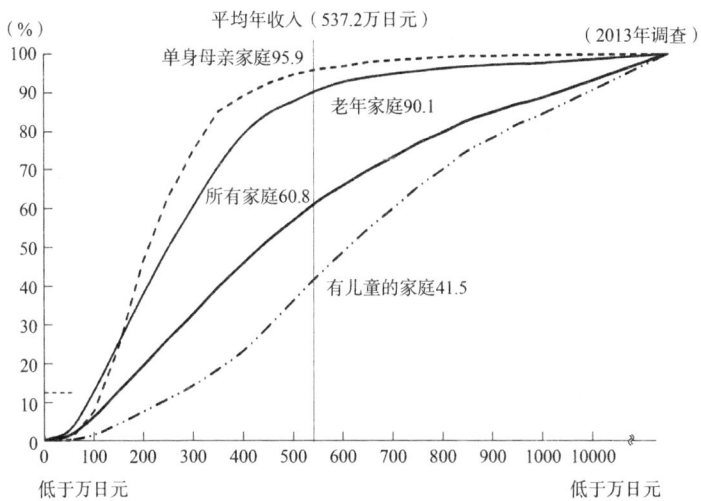

图表3-1 不同类型家庭年收入分布情况

出处：厚生劳动省《2013年国民生活基础调查概况》

以送孩子到公立中小学上学为例，虽然是义务教育，但是学习用品、运动鞋、制服等都需要花钱购买。妈妈们早上在便利店打工、中午在超市收银、晚上卖酒水，一周做两三份工作是再正常不过的了。有孩子为辛苦的母亲着想，放弃继续升学的机会；有孩子在父母离婚后因拿不到父亲的抚养费而放弃修学旅行。"我想去迪士尼乐园，只去一次也好。"聚集在儿童食堂的孩子们说。他们知道，不把"我想进陆上竞技部，给我买双7000日元的钉鞋吧"之类的话说出口，父母能轻松很多。

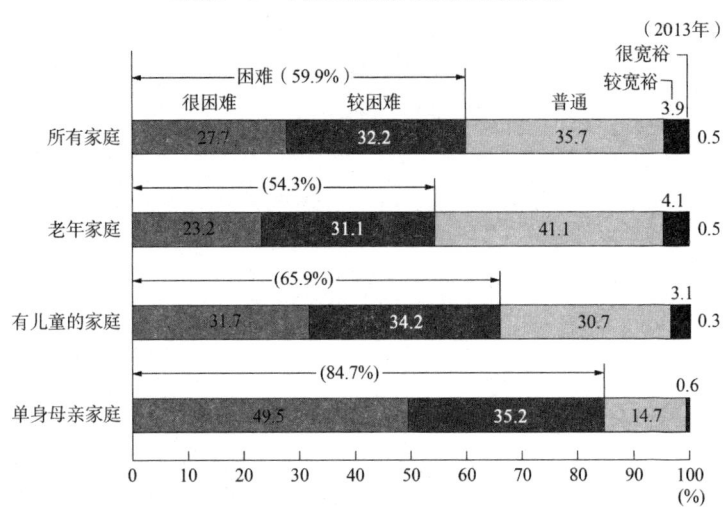

图表3-2　不同生活条件家庭的构成比例

出处：厚生劳动省《2013年国民生活基础调查概况》

公立学校活动多、作业少的前提是学生参加补习班。单身母亲家庭的孩子在跟不上学习进度时，是没有钱上补习班的。因孩子抵触上学而前来咨询的单身母亲非常多。这些孩子并不是因为"偷懒"而不上学。

家庭的贫困已经不是个人的问题。孩子是社会的未来，而贫困正在剥夺他们的选择以及无限可能性。

案例 2：被公司利用，40 岁单身母亲的绝望

"给您带来麻烦，我感到十分抱歉。"

在大型家庭餐馆上班的合同工、单身母亲梨本忍（化名，40岁）向人事部长低头道歉。上班期间，梨本从架子上取东西时不慎跌倒，整条左胳膊被一旁的高温油烫伤，留下了疤痕。治疗需要花费金钱和时间。考虑到之后的生活，穷途末路的梨本来到 hotplus 咨询。"突然不能工作了，还给公司带来那么大的麻烦……"

猛然间，我怒上心头。

忍耐是一种美德，在日本，这种道德观不仅存在于家庭内部，也延伸到了劳动市场。

用工单位与劳动者之间只存在合同关系。劳动者因工作患病或受伤时，用工单位有义务承担医药费，并支付劳动者治疗期间的经济补偿（《日本劳动基准法》第 75 条"疗养补偿"、第 76 条"歇工补偿"）。即便用工单位无力支付补偿金，国家还设立了工伤保险制度，以确保劳动者能得到补偿。根据该制度，受保对象为《劳动基准法》界定的所有劳动者，不分正式员工和非正式员工。

于是，我与对方公司进行了交涉。

"她不能工作了，为难的是我们。"

"明明是一起工作到现在的同事，还请求赔偿就……"

"法律虽然有规定，但我们是例外。按照惯例，兼职不享受工伤保险。"

"若留下工伤保险记录，会影响到将来的就业，还是放弃为好。"

对方就是这样"善意"地劝告梨本的。

用人单位首先必须熟知相关劳动法律制度，我们绝不姑息佯装不知并威胁劳动者的行为。

我希望劳动者增强权利意识。兼职、打工也有带薪休假的权利，连这点都不知道的大有人在。有人因为"我们明明是同事"而放弃自己权利，有人被"法律和惯例是两码事"这样的谎言所欺骗，有人在"对你将来就业有影响"的威胁下撤回申请。

某公司员工因长时间工作患上精神疾病，我受他委托前去交涉时，该公司的社会保险办事员说："分明是自己意志力薄弱才得了精神疾病，却要把责任推给公司？给公司带来麻烦之后还申请补偿金，真是毫无常识。"

本是基于事实，按照劳动法规定寻求解决方式，不想却被贴上"麻烦""背叛"等道德标签。但说到底，对于这种基于事实的工伤认定来说，公司的看法本来就无关紧要。

梨本当然是符合工伤保险申请条件的，也拿到了全额保险。

"你没有加入工伤保险"是谎话，用《劳动基准法》武装自己！

越来越多的管理者、人事专员不具备解决劳务问题所需的相关知识。以往通过一次团体交涉就能得到解决的案例，最近因为律师、社会保险办事员的介入而变得更加复杂。这也是日本缺乏工会活动，相关人员交涉经验不足导致的。遵循劳动规则的交涉在企业中变得行不通了。

判定员工受伤、患病是否属于"劳动灾害"的，是厚生劳动省下属部门——劳动基准监督署，而不是公司。然而，因劳动灾害产生的治疗费、住院费都包含在保险内，所以公司需要向劳基署提交理赔给付申请书。这时，有些公司会以"我们没有加入工伤保险所以无法申请""我们营业赤字，所以没有缴纳工伤保险费"为由，拒绝填写申请文件。

公司在谎称"没有加入工伤保险"时，已具有隐瞒工伤的嫌疑。大多数情况下，证明公司违反《劳动安全卫生法》、隐瞒工伤的相关文件将被送交检察厅，对企业形象极为不利。

企业对员工的压榨愈演愈烈，不得人心。第4章将介绍年轻人和老年人如何通过"协同劳动"，在困境中找到出路。我希望21世纪是劳动者凭智慧工作、互相扶持、共同生活的时代。

案例3：为孩子的生命安全负责的24岁保育员，未来一片黑暗

案例1中的上野梦想中的美容师与保育员、护理员等工作，对女性而言入职难度相对较低。对于高中毕业、没有工作经验的女性来说，以这些工作为目标是比较可行的。职业培训学校等也能提供相应的支持。

然而，保育员的工作环境是严峻的。

"虽然我想结婚，但未婚夫的工资不算高，我很难马上辞职。我想提加薪，怎么说才好呢？"

这是一位在专业学校学习后取得保育员资格的女性的案例。双叶真奈美（化名，24岁）在一家以经营补习班为主的股份公司上班。她负责的保育园内有0岁到5岁的孩子近100人。她每周工作5天，每天工作8小时，基本工资为月薪13万日元，但包含伙食费等预扣项目。工作4年工资完全没有涨，她的工作热情已经消散。长此以往，技术没有提高，只是徒增年龄罢了，而她原本期待的是涨薪之后能存够结婚资金。

政府认可的保育园有公立和私立之分。公立保育园由地方自治体（市区町村）运营；私立保育园主要由社会福利法人、企业、学校、非营利组织等运营。公立保育园的员工属公务员，而双叶所在的这种由企业运营的私立保育园，则普遍存在工资偏低的问题。

2000年，为增加保育设施数量，政府放开限制，允许股份有限公司运营保育园。这一年，为了增加中小企业的商机，私立医院、大巴租赁行业以及为保护当地中小商店而备受限制的大型连锁店也陆续实现自由化，使得这些行业的人事费用大幅跳水。

国家、地方自治体拨款资助保育园的运营时，计划将70％的资金用于人力成本，而实际上民营保育园将人事支出控制在50％左右，低于50％将招不到保育员。在这样将人力成本压到最低的情况下，这些保育园通过对员工接连不断地"榨取"来维持良好的收支平衡。

"我想辞去风俗店的工作，但辞职之后怎么办？"前来咨询的女性如此说道。问她们从事风俗工作之前在做什么时，"保育员""护士"等回答多得惊人。令她们苦恼的问题并不仅仅限于工资过低，她们还害怕干这一行总有一天会碰上意外，为防患于未然，她们寻思着转行。

一位27岁的保育员有提供"上门性服务"的经历。她在工作日从事保育员的本职工作，其他日子提供"服务"以赚取生活费。算上加班费，保育员的月工资为17万～18万日元，而单室公寓的房租就要6万～7万日元。一旦以保育员作为职业生涯的起点，就很难再进入其他行业。难得很多人出于对孩子的喜爱选择做保育员，但令人遗憾的是，光靠这个工作养活不了自己的现实是残酷的。

保育园和学校不同，不设立班主任、年级主任等职位，也不像企业那样设有科长、系长等级别，几乎没有升职加薪的机会。即便有人对这份工作充满喜爱，也由于工资低、待遇差等原因，很难坚持下去。作为专门职业，它得不到相应的尊重，也不能通过自成体系体现其优越性。

厚生劳动省决定以鼓励产后复职的形式改善保育员的待遇。2017年4月起，面向在职7年以上的资深保育员新设立了"副主任保育员""专业领导"等职位。除月工资提高4万日元之外，还计划组织有关食育、保健卫生等专门领域以及团队管理等方面的领导人培养活动。

政府不单培养专业人士并帮助他们取得相应资格，还给予保证雇佣关系稳定的补贴。对此我表示十分欢迎。保育园无法按照普通企业的方法制定保育员的职业生涯规划，那么如何投放国家经费并最终将其应用于人力成本，关键在于改善保育员的职业生涯规划体系。

双叶最终选择了护士作为第二职业，并决定去准护士学校接受培训。她希望自己对孩子的喜爱能够在护士岗位上派上用场。比起保育员，她觉得社会对护士的需求更大，且护士的收入更稳定，社会地位也更高。

提高工资，首先应提升该职业的社会声誉

在少子化问题、待机儿童①问题上，政府向国民承诺，以"一亿总活跃社会"为目标，确保约50万孩子能够进入保育园。2015年开始实施的《儿童及育儿援助新制度》要求将私立机构保育员的工资平均提高3个百分点。借此机会，市场强烈呼吁投身家庭的保育员返回工作岗位。但保育行业人手仍然没有增加，保育园的用地等问题逐渐凸显。在城市里，为了让孩子进入保育园，家长需要尝试各种办法，形势越发严峻，连未被政府认可的保育园的名额都变得很抢手。

政府并不熟悉保育工作的实际情况。托管孩子的地方缺什么？为何作为职场如此缺乏魅力？保育员主动发声也至关重要。社会对保育员的评价的提高对从根本上解决问题起着重要作用。

俗话说"三岁看到老"。其他国家很重视3岁之前的婴幼儿教育。通过郊游、外出、玩沙子等活动，成人为孩子创造了更多接触大自然的机会，在确保安全及丰富体验的同时轻松增进与孩子的感情。这些体验直接影响孩子的性情和人格的形成。

银行职员的工资相对较高。由于经常与钱打交道，高薪是为防止职员侵吞钱财而构建的安全网。保育行业承担着培养孩子的

---

① 因托幼机构学额不足而无法入园的儿童。

呼吁改善保育员待遇的签名活动（群马县高崎市 JR 高崎站东出口，铃木墩子/摄）

重要使命，也应该从同样的角度考虑从业人员的处境。我认为这样的主张是正当的，应该被大胆提出。

案例 4："我想上学"，等待改行机会的 28 岁护士靠风俗职业生存

进入超高龄社会的日本不得不面对的一个问题是护理。关于这点，第 4 章也将进行介绍。到 2025 年，所有的团块世代都将进入"后期高龄者"（75 岁以上老年人）行列。他们退休时，"2000 年问题"轰动社会，紧接着又将迎来"2025 年冲击"。

与之相对的是护理界的一片死寂。2000 年，日本开始实施护理保险制度，护理机构民营化成为难题。曾来hotplus咨询的女护士田代祥子（化名，28岁）从福祉专门学校毕业后在埼玉县的一家护理机构就职。账面上的月工资约为16万日元，扣除单室公寓租金以及汽车保养费，剩下不到10万日元。她和机构商量后约定只在白天上班。

一周内她多次在东京池袋的风俗店工作。为了存钱，她打算开辟自己的第二职业。她干劲十足，"我想去专门学校学习，考取行政书士资格"。护理机构工资本就低，值夜班也远不如在风俗店工作赚得多。算上工作间歇，一周工作2~3次，一个月收入为13~14万日元。田代每个月结余6~7万日元，正在寻找着改行的时机。田代非常精明、冷静地琢磨着自己的生存之法。

保育员、护理师所咨询的内容大多离不开风俗工作。这里要强调的并不是在风俗店工作的事，而是恶劣的工作环境使她们不得不同时做两份工作。这一问题在美容业、饮食业也较为突出。高中毕业后在中小企业就职的办公室女文员也面临同样的处境。为了从低工资的劳动中抽身，她们暂时转行到人手紧缺的护理行业，晚上到风俗店工作。存到一些钱后再次返校学习。进入大学重新深造是她们的后路。

我们不能简单批判这种把风俗业当作副业的行为，因为如果连这张最后的安全网都被拆除，她们仅靠护理工作将无法维持生计。

然而，护理行业内也出现了这样的声音："入职7年，没有升职,没有加薪,也没有未来。就做副业而言,竞争对手却在增加。我 27 岁,客人都不找上门了。靠做风俗工作也渐渐生存不下去了。"算上加班费,护理行业的月工资约为 18 万日元。在风俗店一周上两次班的工资可充当生活费。

你可能会惊讶,27 岁还年轻,怎么就不能养活自己呢?事实是女大学生等更年轻的女性不断入行,对她们的副业形成了威胁。

苦于生计,女大学生在风俗店兼职

缺钱是大学生在风俗店打工的原因。受少子化影响,报考大学的人数减少,大学则通过提高学费来维持收入。与 1969 年相比,日本的大学学费涨了约 45 倍。父母光出学费已感到吃力,学生只能自己挣房租、电话费和购买学习用品、电脑等必需品的钱。部分认真准备留学、考取资格证、提高技能的学生选择兼职做风俗工作,以快速高效地赚钱,确保学习时间。

日本学生支援机构(原"日本育英会"等)负责向大学生以及专门学校学生发放借贷性奖学金。该机构的《概要 2015》文件显示,借贷者共计 134 万人,借贷金额为 1.1 万亿日元(2013 年度数据)。其中,计利息的第二类借贷奖学金借贷者约为 87.7 万人,总借贷额约为 7966 亿日元(2015 年度数据)。

第二类借贷奖学金对学业方面的要求不高,但需要偿还利息。

本科生的月借贷额有 3 万日元、5 万日元、8 万日元、10 万日元、12 万日元这 5 个级别。按最高月借贷额 12 万日元借贷 48 个月计算，毕业起利息为 614 万日元（以 0.63% 的年利率计算）；按最高年利率为 3% 计算，利息则为 775 万日元。毕业后每月偿还 2~3 万日元，分 20 年还清。若拖欠还款，个人信息将被上传到信用机构，录入黑名单。说是援助贫困学生，实为教育贷款。事实上，第二类借贷奖学金的 47% 来自于民间金融机构贷款。无形之中，学生成为金融行业的"客户"。

借贷 200 万日元到 500 万日元对我教的学生来说稀松平常，参加就职活动的学生开销尤其大。这样一来，刚步入社会没几个月，他们就被催着还款。在这一点上，那些找不到其他工作，只能在黑心企业上班的学生也是一样的。20 多年的还款期限足以改变人生道路。在这期间因故变成单身母亲的女性，往往需要申请减少月还款额，若申请失败，就只能采用个人破产等债务处理方式。20 岁出头便背负数百万的债务，对女性的结婚、生育都会产生很大的影响。

与其在将来陷入这样的境地，不如干脆在读书时就靠风俗工作多挣钱。因为她们知道，毕业之后将不再有年龄优势。那些只会夸夸其谈的"宽松世代"[①]，在日本已经不复存在了。

[①] 日本原创词语，指日本 1987 年以后出生、在"宽松教育"政策影响下成长起来的一代人。

工资微薄，单身女性随年龄增长的不安

贫困不是特定年龄层的问题。如果不改变年轻人的劣势，他们将长期处于社会底层，社会因此失去活力，未来将是一片黑暗。

一位背负巨额欠款的女学生说，她希望在20多岁时多积累社会经验，过了30岁就结婚，生儿育女，专注于孩子的教育。接受过大学教育的她们，明明有结婚以外的出路可以走，却因还贷所迫，最终只能选择与收入稳定的男子结婚，以此为归宿。然而并不是每一位这样想的女性都可以如愿以偿。

日本经济停滞的20年间，女性未婚率持续上升。35～44岁的未婚在职女性中，近40％是保险等福利待遇不完善的非正式员工。

与企业保持非正规雇佣关系的劳动者比例逐年增加。15～24岁女性的非正规雇佣率为9.2％，25～34岁为14.3％，35～44岁为23.8％，45～54岁为24.5％，55～64岁为19.3％。与男性非正规雇佣率（35～44岁为11.5％，45～54岁为9.0％）相比，女性非正规雇佣率高得异常（2015年《总务省劳动力调查》）。不仅如此，女性一旦有过失业经历，即便已经40多岁，也只能拿到几乎与20多岁、30多岁的年轻人没有差别的工资。原因在于日本的社会保障至今仍是以女性结婚为前提实施的。

图表3-3 不同年龄阶段的非正式雇佣职员的比例（2015年）

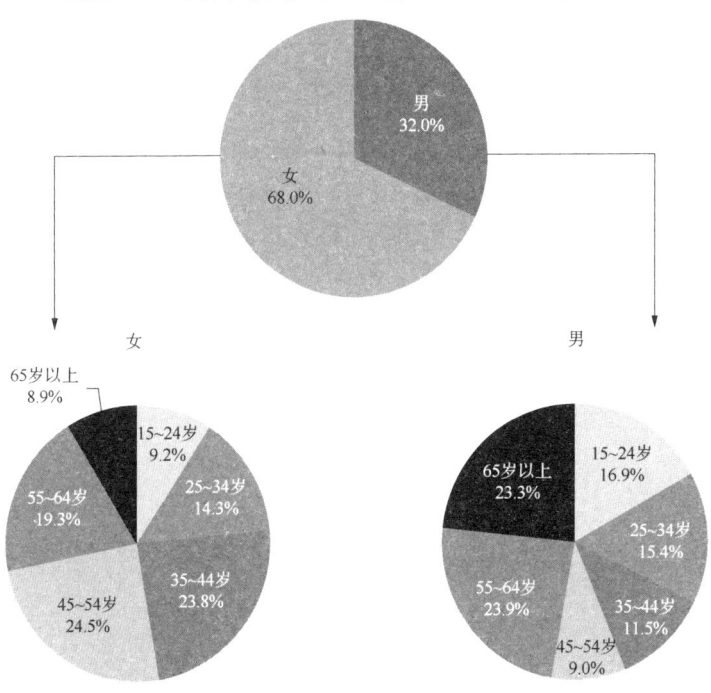

出处：总务省《劳动力调查（详细统计）》（2015年平均）

案例5：收银20年，中年女子"总觉贫穷"的现实

"再这样下去，等我老了该怎么办……"

鄙人前著《下游老人：一亿人老后崩坏的冲击》出版后没多久，我收到一位叫夏井明美（化名，43岁）的单身女性的邮件。

夏井过着独居生活，已经在超市做收银工作超过 20 年。她的父母远在日本东北地区，为照顾祖父母忙得不可开交。作为全职员工，她可以享受厚生年金待遇，但无歇业补贴金。碰上年末、盂兰盆节，当月的工资约为 14 万日元，市场旺季月收入约为 18 万日元，房租为 6.5 万日元。她告诉我，在这种艰难的情况下，父母从乡下寄来蔬菜和鱼，帮了大忙。再加上比起刚工作那会儿，现在的时薪涨了 10 日元，"已经轻松多了"。通过邮件沟通过几次之后，我打了电话给她。

"感冒时会冒出一些想法：会不会就这样死去？身体越变越小，然后消失……但谁都不会注意到吧。以前我也有朋友，后来她结婚有了孩子，我们就不怎么联系了。"

寄自家的菜和鱼或许是父母鼓励她的方式吧。然而，除了父母没有人需要她，至少她自己是这么认为的。即便是收银的工作，能替代她的人也比比皆是。她感觉自己是透明的。

单身母亲一旦倒下，孩子就会跟着遭遇不幸，这种压力使人喘不过气来。然而，不被赋予任何职责的人生将只有无尽的孤独。

曾经，高中文凭且毫无工作经验的女性为了在社会立足，会把结婚当作出路。实际上，夏井当初兼职收银的时候也没想过一直做这份工作。1991 年 3 月，团块二代的毕业季正好赶上泡沫经济崩溃。夏井 20 多岁、30 多岁的时候也参加过各种相亲活动，与男性有过交往。

到现在仍有很多人认为,"收银=家庭主妇打发时间的兼职"。但事实上,为补贴家用,不得不把每天几小时的兼职当作"主业"的大有人在。夏井就是其中一例。不为积累工作经验,冲着900日元保底时薪,奔走于各个超市,辛勤工作以维持房租、税费支出的单身中年女性,不论在大城市还是小县城,都已不足为奇。

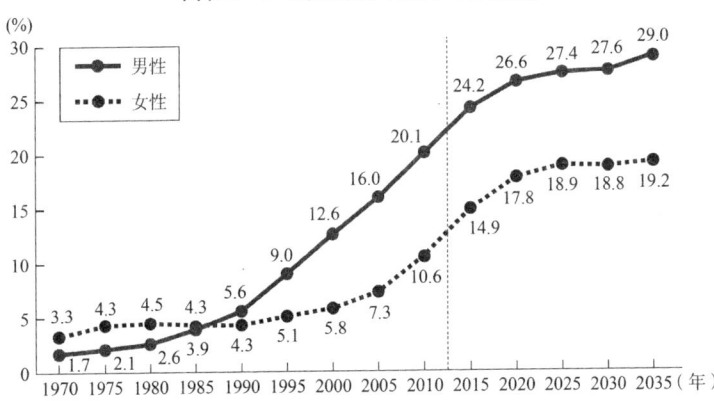

图表3-4 终身未婚率走向(含预测)

参考资料:国立社会保障和人口问题研究所《人口统计资料集(2015年版)》《日本未来家庭数预测(全国2013年1月预测)》
注:终身未婚率指到50岁一直未婚的人口所占的比例。2010年前的数据来源于《人口统计资料集(2015年版)》,2015年后的数据来源于《日本未来家庭数预测》,取45~49岁人群的未婚率和50~54岁人群的未婚率的平均值。
出处:2015年厚生劳动省《关于人口减少社会的思考》白皮书

"要不我还是考取相关从业资格证,从事其他工作?"

103

深入交谈后，我发现夏井担心的不是"晚年"，而是"现在"。处于贫困边缘的她，虽然想考取资格证，但是没有足够存款交学费。因为必要时可以回老家投奔父母，所以她没有考虑过申请最低生活保障。可一旦她失去工作能力，还是会成为最低生活保障的申领者。

亲子团聚忌谈将来之事

"我有工作，不愁吃穿。年收入保底 200 万日元，不会沦落到社会底层。"这种想法意味着"潜在的贫困"并没有浮出水面。然而，一旦当事人在疾病等意外情况的影响下辞职，交不上房租，走投无路，事情的严重性便会显露并上升为社会问题。

hotplus 也接到过非当事人本人打来的求助电话。比如女儿 30 多岁仍未出嫁，60 多岁的父母为此感到苦恼，于是来电咨询。一位父亲称，他的女儿付不起房租，只好回老家和他一起生活，做兼职月入 10 万日元，不需要支付伙食费、电费、水费和房租。一位 68 岁的母亲来电说，38 岁的女儿因抑郁无法工作，靠遗属年金维持生计。还有一位母亲说，女儿靠 12 万日元的月工资无法生活，便向相关部门申请最低生活保障，却因有房有车被拒绝。

"我若是倒下了，女儿能独立生活吗？"

每个人咨询的内容稍有不同，却存在共通之处。父母与孩子能够一起生活说明家庭关系融洽，亲子关系亲密，常有对话。但他们并不是无话不谈，"与将来有关的话题，我们一概不谈"。

最后的安全网：女性犯罪人数激增

有观点认为，男性走投无路时可以选择当流浪汉，女性却无法露宿街头。然而，我们不能因为女性不管多落魄也不至于露宿街头，就说她们的处境比男性好。家庭收入低是入住低租金公营住宅的条件，单身母亲家庭、多子家庭有优先选择权。然而，对于那些并非离职、失业或失婚，却以非正式员工身份工作的单身女性来说，没有任何社会保障制度是为了帮助她们而存在的。她们可以说是被排除在社会福利之外的人群。

2015年度日本犯罪白皮书显示，65岁及以上的高龄犯罪者和女性犯罪人数在20年间始终呈增加趋势。2014年的犯罪总人数是1995年的4.6倍，女性犯罪者比例却增加了16倍左右。女性犯罪者中，90%的人所犯罪行是盗窃，其中80%为假扮顾客偷盗。

曾属于中等阶层的人沦落到"接近底层"的境地却得不到救济的情况比比皆是。如何改变这些人被逼至悬崖边的残酷形势，这个问题值得我们深思。

为此，我想在这里介绍一下横滨市男女共同参与中心为帮助15～39岁单身女性解决就业难题而开展的"girls support"项目。

该项目重视掌握从事高薪工作的技能，并开展相关的职业训练，同时提供心理疏导课程，帮助那些因没有条件上学、曾就读垫底学校等情况而在学习上存在心理障碍的人找回自信。以下是该课程的简要介绍：

- 缓解紧张，向人发声。
- 尝试握手等肢体接触。
- 通过一起做菜等团队合作，认识到自己能够发挥重要的作用。
- 喜欢上自己，练习化真正适合自己的妆。
- 学会倾听。

该课程主张：当他人说话时，不否定，不插话，单倾听就能帮助他人找回自信。我想，借此机会也能建立良好的人际关系吧。

案例6：奖学金偿还中，年收入200万日元女博士的梦想是"无任期专职"

与日本经济高度成长期的情况不同，现在很多男性没有稳定的工作，没有养家的经济实力，这在前面已经叙述过了。泡沫经济时期有过截然相反的情况：想成为音乐家的男子靠高收入的女朋友资助生活费；妻子外出挣钱养家，丈夫在家带孩子、做饭。如今，这样的模式在伦理道德上已毫无问题，普遍为人们所接受，但即便如此，挣钱养家的女性仍是极少的。双方都为了追逐梦想而都没有正式工作，加起来的月收入不到20万日元，这样的例子也是有的。前些天，一位36岁的女性和她33岁的男友前来咨询。两人表示放弃梦想很难，又找不到与音乐对口的工作。听了这样的自白，可能有人会说："这是你们自己做的选择，自己想办法去！"实际上这背后隐藏着被社会忽略的陷阱。

职业生涯的失败，不单单是个人不够努力的结果，有时候也是社会因素导致的。

有吉美野里（化名，38岁）是著名大学的研究员，有博士学位，每天事务繁忙。如果成为全职的"常勤讲师""专任讲师"，便可以没有任期，一直在大学里做研究。发表的论文累积到一定数量，还可能晋升为副教授或教授。

然而，有吉作为3年任期的讲师，一节课的工资为5千～1万日元。由于研究生毕业时借贷奖学金共计1100万日元，她现在每月需还款3万多日元。她在5所学校担任"非常勤讲师"，加上第一作者稿费、讲座费等其他收入，年收入约为200万日元。而专职讲师的收入比非常勤讲师多3～5倍。

研究表明，男性成为专职讲师后常与学生结婚并继续任教，而女讲师一旦结婚，就很可能离开研究一线。即使是大学里的职位，也是以"女性结婚后会成为家庭主妇"为前提设立的。这个宣扬"女性活跃"的国家，性别差距指数在全球144个国家中居第111位（2016年10月26日世界经济论坛数据），比2015年退后了10位。

文部科学省以日本东北大学、早稻田大学等引领国内研究活动的11所大学为对象，开展《大学教员雇佣状况相关调查》（2015年3月公开发表）。结果显示，有吉这种有任期的"非正式员工"在6年间共增加了4286人，2013年度有任期教员的比例实为39%（2007年为27%）。另一方面，无任期的教员减少1428人。

高学历低收入人群急剧扩大引发学术界危机

少子化导致大学间的竞争越发激烈。有吉的研究方向为文科中相当冷门的宗教史。2010年最热门的专业是医疗医学系，其次是护理福祉系，总体上理科人气高、文科人气低。少得可怜的文科职务足以引发一场争夺战。有吉一直在寻找常勤、无任期的岗位，转眼已经38岁了，这个年纪的人难以在一般企业就职。

"我能一直继续现在的工作方式吗？一想到未来就特别不安。也许总有一天我必须放弃自己的梦想。在那一天到来之前，我想再努力一下。"有吉如此说道。

学术研究的环境发生剧变，工作岗位和财政资助的减少，使想从事学术研究的人无处可去。虽然靠无编制的工资可以维持生活,但只凭每天零碎的工作时间,根本无法开展深入的研究。我身边就有人在没有出路的基础研究上止步不前,50岁仍旧是无编制讲师。对社会技术革新来说,学术研究岗位起到至关重要的作用。然而现实是只有实用主义的理科受到重视,文科形势严峻。

尤记得与剧作家平田织佐的谈话,他说现在这个时代的人没有时间看戏剧,在YouTube上看视频就当"鉴赏"过了,戏剧文化将逐渐衰败。对此我印象深刻。戏剧是综合艺术,但在小城市,剧场、美术馆、精品店越来越少,有的地方甚至没有书店。虽然可以在网络上检索到戏剧信息,但去剧场观看的机会越来越少。即使有机会,一部歌剧的特等席票价也高达上万日元。陶冶人心的哲学、音乐、人文、时尚,日渐淡出人们的生活。感兴趣的人少了,能在大学里学习的机会也逐渐减少,尽管除了符合实用主义的理科,包括人文素养在内的所有学问都是有意义的。

被剥夺的宽裕生活,"房租重压"下的人偶

上述所有问题的根本原因都是社会保障的不健全。

"这个国家什么都有,唯独没有希望。"(《希望之国》)这里的"什么都有",我想指的是通信、电力、交通运输等生活基础设施。无论去到哪里连下水道都设施完备的日本是个发达的国家。

这是由政治力量介入土木工程承包和房地产行业促成的。尤其房产援助政策出台后,在政府的引导下,日本国民认为"拥有自己的房子是一种幸福"。暂且不论能否还清贷款,为了买房,大家都从银行高额借贷。建设高峰期,建筑业、房地产业、银行金融业如日中天。这些行业的工作者辛辛苦苦支撑起日本的经济成长,这是"日本经济增长模型"的一部分。另一方面,如果不买房子或买不起房子,就只能选择租用私营住宅。

日本与北欧等国家相比,公营住宅数量极少。本来只负担得起低廉的公营住宅租金的人,被逼无奈贷款买房,或被迫租用昂贵的私营住宅。收入相对稳定的正式员工从24万日元的月收入中拿出10~12万日元,也就是近一半工资,用于交房贷,这已不是新鲜事。

这种情况下自然没有存款,更别提去看剧或听音乐会了。为了养家,人们不惜牺牲健康拼命工作。追求娱乐是"奢侈",病倒是因为"不注重养生",失业是"因为偷懒",诸如此类的攻击性言论都是由已有的社会条件孕育的。

努力到一定份儿上终于买到了房子,但在日本,房子的耐用年数短,因建材老化需要定期翻修。由于地震多发,一旦引起火灾,房屋将化为灰烬。不论正式员工还是非正式员工,在这一点上大家都不容易,是"公平"的。没有资本的贫困人群只能选择与父母住在一起,最后把父母的年金吃个精光。

假如私营住宅的租金和公营住宅一样,每月为1～3万日元,结果如何呢?

租客不需要极度节俭,能够享受个人爱好,还有存款用于结婚……脑中是不是浮现了许多具体的愿望呢?我从得到我们帮助的老人口中听到过这样的话:"政府帮我们支付房租的话就轻松很多了。"在住房、医疗、护理等各方面分别进行补贴以给予必要的援助,这样的制度实用性更高。或者以最低生活保障制度为基准,建立各个扶助项目的补贴制度。无论如何,不能再放任扶贫制度无序、不发挥作用的情况继续发展了。

冲绳的最低工资仅693日元,然而女性人均生育数为1.94人,在日本居首位。这是因为冲绳有许多供人免费游玩的街景、海景,生活开支低,结婚、生育的费用也一样。房租高的都道府县往往出生率低。如果能够实现教育的无偿化,消费情况应该能好转,不向政府借奖学金也能继续做研究。如此一来,社会将向前发展,创造动人的文化。社会保障的完善将带来社会利益和生活富裕。

物价持续上涨,并没有浪费却依旧只能勉强度日,原因是日本的交通费、水电费、宽带费、电话费等日常支出异常庞大。按理每天应该存下来的钱被耗油的汽车和其他生活成本吃掉了,人们的晚年慢慢地被卷入贫困的旋涡中。那旋涡就像最新型的洗衣机一样,转动起来没有一点声音,因此少有当事者能感受到贫困正悄然逼近。

以社会福利"去商品化"为目标

当今日本是建筑业、房地产业和银行联合发展的产物,分配制度尚不完善。因此我们必须扩大社会保障的覆盖范围,使其惠及衣食住行等各个方面,加大社会资本的投入和整顿力度。

比如,国家可否保障公营住宅和社会福利住房的供给？过去经济形势不错的时候,企业都有员工宿舍,做到了住宅保障。

再比如,日本是否可以学习欧洲,引入"房租补助制度"？或者是否能够通过减少大学学费、补习班费用来减轻教育负担？

第二次世界大战后,日本长期实施针对老年人、残疾人、单身母亲家庭、儿童、失业者的扶贫政策。然而,是否可以考虑取消"月收入低于15万日元""非单身人士""没有车"等附加条件？

在欧洲,已经建立起覆盖所有公民的社会保障制度的国家不在少数。比如说,法国按优先顺序发放住房补贴,扩建低租金的公共住宅,针对提供住宅的企业实施减税政策。这是基于"住房第一"(housing first)观点——不论找工作还是育儿都必须先有住房——制定的政策。给年轻人提供住房可帮助他们离开父母,建立自己的家庭。父母也能因此感到安心,可把退休金用到自己的生活上。让人在一个地方扎根的最有效办法就是提供起码的住宅保障。

说到房子，人们认为那是花钱就能买到的，然而"住房第一"强调的是为小孩上学和交友提供保障的"家乡"。人们能够过上安稳的生活，有温暖的居所，出生率自然就上去了。

每个国家的侧重点不尽相同。继续以法国为例，该国将"文化权"纳入社会保障范畴，孩子超过3人的家庭，其成员进入文化设施时可享受优惠价，以保障公民接触戏剧、美术、音乐等艺术的机会。

少子化的日本不再需要大规模公团①。在这个国家，空房多达820万户（总务部调查），出现了人口不断减少、人家（房屋）却不断增多的畸形状态。国土交通部终于在2017年年度财政预算申请中加入了房屋翻修、抗震强化的费用，以及满足实际居住所需的具体费用。

若各地方自治体能根据实际情况灵活调整住宅政策，就有望打造更多宜人居所。

从财务报表、股东分红比例来看，当今企业不过是通过削减人工费用来保证股东收益，以此制造盈利局面，勉强维持经营。

---

① 由政府或地方公共团体出资组建的经营特定公共事业的法人。

如果企业不停止缩减人工费，那么国家就应该承担一直以来由企业承担的福利责任，为低收入公民提供生活保障。无论是企业的员工宿舍，还是房租补助制度，我们都希望这些制度以另外的形式再次出现。如果房租在10万日元以上的人能享受1万~2万日元的国家补贴，那么他们每月都将有10万日元左右的可支配收入。

总之，哪怕没有存款，是单身人士，没有年金，国家也应该保障这些人的生活。

如果福利不再由企业而是由国家来确保，那么话题就离不开消费税。在此，我还想展开包括各类税制的内容广泛的讨论。政府应强化累进税制，不论是低收入阶层还是中间阶层，人人都要缴税，取之于民的税款将以福利、教育、房租、水电费、光热费用等形式用之于民，为国民提供基本的生活保障。

如果不设法阻止少子高龄化，即使经济不断发展，拼命工作的中产阶级也将不堪重负，最终导致社会崩溃。在事态发展成这样之前通过"去商品化"缩减社会支出是十分必要的。连这一点都做不到，遑论整顿空置房屋和加大教育投资。现今的日本社会可以说各个方面都存在漏洞，未来10年是成败的关键。

日本2人以上家庭的平均存款额为1078万日元，虽然与此前的1209万日元（2016年财务省《家庭金融行动相关舆论调查（2人以上家庭）》）相比有所减少，但仍高居世界榜首，人们还有充足的缴税空间。媒体所宣传的晚年资产"不能少于3000万日元"的言论，是没有把医疗补贴、住宅补贴等社会保障考虑在内的假设。是时候停止煽动不安情绪、失败地运用税金、向外国资本家请求"捐助"了，用收税的方式振兴日本吧。不只是要求富裕阶层和大企业缴税，而是要拿出"我在缴税，所以也请你缴税吧"的态度。

不愿缴税的国民越多，社会保障就越不足。如果人们不敢为了生存冒险，又怎么实现经济增长所需要的革新呢？我不会批判国民吝啬，因为政府对此负有责任——不考虑国民的实际需求，盲目地建设了大量毫无用处的设施，失信于民，培养了反对税率提高的意识和年收入1000万日元仍不肯缴税的劣根性。我们应该思考的不是这究竟是谁的错误，而是怎么样将大家团结起来，互相扶助。

优待女性、老年人是以降低男性收入为代价的想法是错误的。年轻人对老年人、男对女、健康的人对不健康的人等，将人群对立起来争夺政策优待只会使经济降温。谁都会老。无论男女（包含性少数群体），在婚姻关系中，如果一方不幸福，另一方也会艰难度日，孩子也会跟着不幸。我们的目标是建立一个人人都幸福的社会。

贫困不是一个人单打独斗就能战胜的敌人，而是全体国民面对的劲敌。它让各个阶层、各个年代的人同病相怜。请全体国民直面问题，共同商讨对策。

第4章

老年人的贫困

65岁及以上的人口所占比例反映了老龄化的程度。1970年，在日本，该比例超过了7%，标志日本进入"老龄化社会"；1994年，该比例超过了14%，标志日本进入"老龄社会"；2007年，该比例超过了21%，说明日本已经率先进入"超老龄社会"。（老龄化的定义来自世界卫生组织）

日本的贫困线是独居者年收入122万日元、两口之家年收入170万日元。在65岁及以上的老年人中，生活在贫困线以下的占18%（相对贫困率）。有数据显示独居者的贫困率达到了40%～50%，约700万老年人的生活水平仍在温饱线上下徘徊，即使他们之中的一些人有少量存款。

如果说第1章至第3章讨论的是有工作的"穷忙族"的贫困，那么此章要讲述的则是工作至今攒下了一些存款的老年人的贫困，他们是"在职和存款穷人"或者"坐吃山空的穷人"。老年人的生活变得困窘，这不仅导致消费水平的下降，还使日本的文化每况愈下。怎样遏制这一局面？政府的数个解决策略实际上是否起了反作用？怀着这样的担忧，我们继续进行研究。

案例1：被遗弃在公园里的男性认知症患者"山田太郎"

遗弃患有认知症的高龄父母等"护理杀人"事件频频发生，其中包括好不容易申请到低保金的家庭集体自杀。此类事件唤起了社会深切的理解与同情。这些企图杀人并自杀的人即使被阻止，幸存下来，受审获缓刑，也会一辈子背负着罪恶感吧。

迄今为止，我曾多次为被子女抛弃的老人提供保护。可以说，公园和路边已经成为现代的"弃姥山"。

我还记得在某个冬日，我和民生委员一起帮助过一位在儿童公园的长椅上动弹不得的老人。他衣着整洁，显然几天前还在接受别人的照顾。患上认知症的人就连自己的姓名、住址都无法说出，他的家人正是在明白这一点的情况下选择把他遗弃。

因为这位老人只会回答"山……"，所以他暂时被称为"山田太郎先生"。最后，福祉科将山田接走并送到了养老院。

也有这样的例子：一位老人走在路上，不断问行人"我是谁"，路人报警说"有个人的样子很奇怪"。

川崎市一位老人被称为"川崎一郎先生"，他是在医院门口被发现的。这样的例子在日本各地不断出现。这些老人的家人一直负责照顾他们，渐渐感到不堪重负，于是使出了最终手段。

"弃老点"的冲击

2000年，日本开始实施护理保险制度，老年人护理机构应运而生。但有的老年人不愿去养老院，宁愿继续接受家人的照顾。时至今日，家人不得不挑起护理重担的例子仍然比比皆是。在经济与精神的双重压力之下，一些人为了让自己的生活得到保障，不得不抛弃家里的老人。

我们一直强调："如果到了无论如何都得舍弃老人的地步，请合法地放手。如果向NPO、行政机构和咨询机构求助的话，我们会施以援手。总而言之，请不要把老人丢弃在路边。"

前几天，一位50来岁的女士前来咨询。她为了照顾老人辞职，目前母亲已经去世，88岁的父亲患上了认知症，几乎丧失了自己排泄和洗澡的能力，符合护理4级的情况。然而，父亲还常常将她错认成母亲，对她使用暴力，并扬言只接受女儿的照顾，一直拒绝养老院与护士的照料。

"我已经产生了把他丢弃在公园里的想法，我甚至想刺他一刀，已经忍不下去了。"

山田太郎先生也是在相同情况下被丢弃的吗？好在这位前来咨询的女士并没有真的遗弃她的父亲。

"您一直努力到了现在，已经做得很好了。"

当我这么说时，她大哭出声，是真的累了吧。

我们办了手续，让她的父亲住进了养老院，而她本人则接受了抑郁症治疗。如果没有第三方介入的话，事情会发展成集体自杀事件也不奇怪。

日本经济停滞的20年过去了，团块二代已经年过四十，他们的双亲也快成为后期高龄者。18％的老年人处于相对贫困状态，16.8％处于无储蓄状态。在如今的社会，老年人和年轻人随时可能一起倒下。如果我们不构建新的互相扶持的机制，"合法的弃老点"将随处可见。

在令人雀跃的东京奥运会之后到来的"2025问题"

我在2015年出版《下游老人》，就是为了把日本社会正在大量产生"下游老人"的悲惨状况传达给民生事业的一线。这得到了媒体的关注，报纸、杂志和有影响力的电视节目相继报道。这本书聚焦于失去了家人和存款、走投无路的老人们。"下游老人"一词获得2015年"新语及流行语大奖"提名。

在这种情况下，相继出现了"明明老年人看起来是悠闲自得的""我之前一直以为老年人都很有钱"等诸如此类的声音。书评里也出现了"意外"一词。但是，内阁府在《2012年男女共同参与白皮书》的第一节"老年人的状况等"中公布：65岁及以上的人群中，单身男性的相对贫困率为28.7％，单身女性的相对贫困率为46.6%。[以厚生劳动省《2010年国民生活基础调查》为基础，来自"男女共同参与会议"基本问题和影响专门调查委员会女性与经济工作组（阿部彩委员）所做的特别统计。]在很多研究者看来，老年人的贫困是显著的、众所周知的。

早在"下游老人"被提名为新词及流行语的5年前，日本3200万老年人之中就已有大约六分之一的人处于贫困状态。超市的收银台前有提着一筐临期食品排队的老人。不知道你周围是否有住在垃圾房、散发恶臭的"传说中的孤独老人"，如果见到了，你大概也只会说"我之前一直以为老年人都很有钱"或"我以后可不想变成这样"。

动画片《樱桃小丸子》、家庭电子游戏机和太空旅行游戏大热的1990年，日本沉醉于泡沫经济。1970年代的国民动画《海螺小姐》表现的是当时的平民生活，《樱桃小丸子》讲述的是作者孩提时期的故事，背景也是1970年代。充满朝气的孩子折腾着大人，这种三代同堂的家庭已成过去式。实际上，报告显示日本出生率下降至令人震惊的1.57，银行大合并和日本的产业结构转型也发生在1990年。因为已经在悬崖边上，所以才尽量不往下看，而是边唱边跳《大家来跳舞》。这也与九成日本国民都坚信"自己是中层阶级"的情况相似。

我曾遇到的一位老人，因为交不起水电费，明明每天都想泡个热水澡，却只能一个月泡一两回，明显需要帮助。但就连这位老人都认为"我一个月能洗上一次热水澡，所以我是中层阶级"。

说得好听点是"自豪地过着清贫的生活"，但事实上这样的生活往往是不如意的。"老有所养"的前提是医疗的发展，以及预防医学、护理预防的普及。

2016年9月13日，在"敬老日"之前，厚生劳动省发布：本年度100岁以上人口比2015年增加了4124人，达到了65692人（数据基于居民基本台账）。报告还提到，日本男性和女性的平均寿命分别是80.5岁和86.8岁（2016年世界卫生统计）。但与此同时，2013年的计算结果显示，日本男性和女性的"健康寿命"分别是71.19岁和74.21岁，比平均寿命短大约10岁。也就是说，老人对医疗与护理的依赖要持续大约10年。

实际上，根据2016年版《老龄社会白皮书》，就65岁及以上老年人的健康状况来看，2013年，每千人中近期因疾病和受伤而自我感觉有病症的人数（不含住院者）是466.1，也就是说近半数的人都感觉自己有某种病症。在65岁及以上认知症患者人数与患病率的预测方面，2012年认知症患者人数是462万，即每7人中有1人患病（患病率15.0%）；预计2025年患者人数会上升到约700万人，也就是说每5人中就有1人患认知症。与《樱桃小丸子》大热的泡沫经济时代相似的现象，正通过2020年东京奥运会再现。虽然存在会场转移之类的问题,但新闻报道展现的仍是一片繁荣,日本或许会再次举国欢腾。而5年之后,也就是2025年,日本独居老人家庭数将达到680万,约占全国家庭数的37%。

预计到2025年,迎来75岁高龄的团块世代中,认知症患者将达到约320万人。医疗费与社保费应该会爆炸式增长,令人怀疑届时还在工作的人是否能够担负得起巨额社保费。那时将有老年人

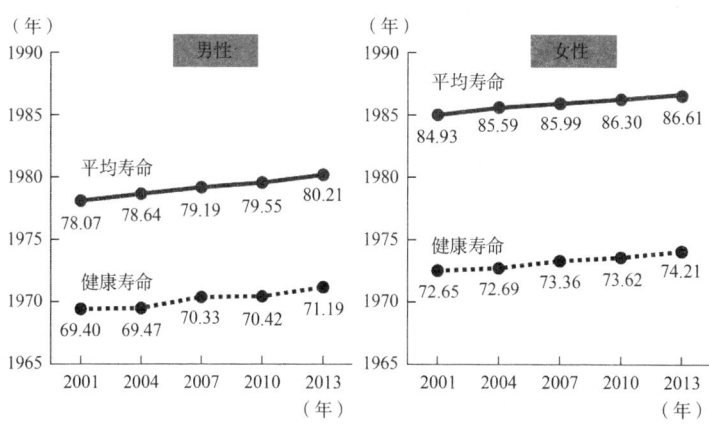

图表4-1 健康寿命与平均寿命

参考资料:平均寿命:2001年、2004年、2007年、2013年厚生劳动省《简易生命表》,2010年《完全生命表》;健康寿命:2001年、2004年、2007年、2010年厚生劳动省科学研究费补助金项目《关于健康寿命预测和生活习惯病防治措施、费用、效果的研究》,2013年厚生劳动省《国民生活基础调查》。
出处:2016年版《老龄社会白皮书》

不得不做两三份工作来养活自己，即便得了认知症也会为了继续工作而隐瞒病情。就算想寻求帮助，周围也都是和自己一样的老年人——如果连送他们进养老院的人都没有，那么他们是不是只能自己前往"弃老点"？

图表 4-2　社会保障给付与缴纳现状（2014年度预算基准）

社会保障给付费2014年度（预算基准）115.2万亿日元（占GDP的23.0%）

【给付】　社会保障给付费

年金56.0万亿日元（48.6%）（占GDP的11.2%）	医疗37.0万亿日元（32.1%）（占GDP的7.4%）	福利和其他22.2万亿日元（19.3%）（占GDP的4.4%）

家庭护理9.5万亿日元（8.3%）（占GDP的1.9%）
育儿5.3万亿日元（4.6%）（占GDP的1.1%）

【缴纳】

保险费64.1万亿日元（59.9%）		税和公债42.9万亿日元（40.1%）		通过公积金等获得的收入
被保险人缴费34.4万亿日元（32.1%）	雇主缴费29.7万亿日元（27.8%）	国家31.1万亿日元（29.0%）	地方11.9万亿日元（11.1%）	
	各制度规定应承担的保险金	国家与社会保障相关的支出（一般合计）*2014年度预算中与社会保障相关的支出为30.5万亿日元（占一般支出的54.0%）	都道府县市町村（一般财源）	

注：除此以外，资产收益也是社会保障给付费的来源。
出处：参考厚生劳动省《社会保障制度改革面面观》制作而成。

"下游老人"数量持续上升的原因

在《下游老人：一亿人老后崩坏的冲击》一书中，我把"下

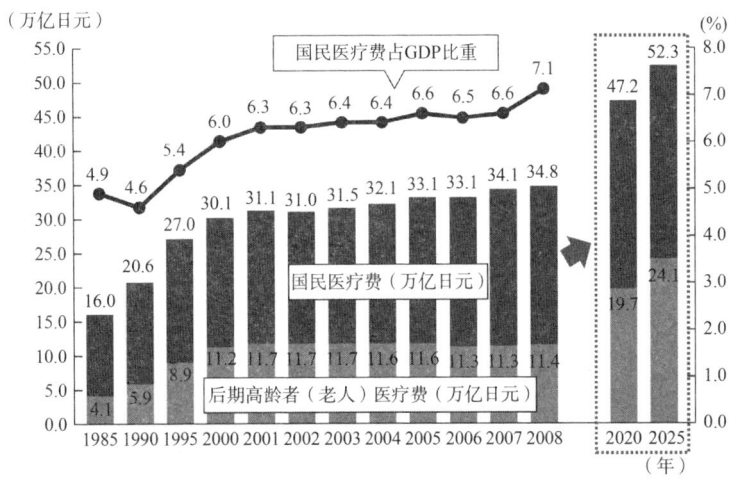

图表4-3 国民医疗费的变化

出处：总务省《ICT超高龄社会构想会议报告书》，厚生劳动白皮书（2012年），厚生劳动省医疗费等的未来预测及财政影响估算（2010年10月）。

游老人"定义为"相当于要依靠最低生活保障金生活及面临此风险的65岁及以上老人"。他们的贫困问题，可以说是前三章中所讲问题浓缩之后的爆发。

一位不接受护理服务就无法生活的符合护理4级情况的女性，由于只从事过非正式雇佣的工作，能支取的年金很少，只能接受护理1级的服务。工作时由于过度劳累而得了生活习惯病的人，为了节省医疗费而尽量减少就诊和服药次数。在消愁解闷方面，收入越低的人越倾向于将兴趣爱好"攒"起来，就连免费的社区活动也不参加。少了散步等活动，病后的康复治疗也显效果不足。

从不游手好闲，一直辛勤工作的老年人被逼迫到如此境地，有如下一些原因。

老年人陷入贫困的社会原因

① 小家庭化。家庭成员越多，人均生活费越低。

② 由于过度尊重隐私等原因，遇到困难互相帮助的精神逐渐淡化。

③ 人生高龄期延长化。老人就算做好了生活规划，也会有因认知症而忘记的情况。

④ 供养长期闭门不出或因被黑心企业利用而事业受挫的子女。大多数情况下，当子女的年收入不足 200 万日元时，父母就不得不援助他们。

⑤ 年金的减少、各种保险费及税收的增加等，社会保障的弱化。约 700 万 65 岁及以上老年人将迎来"人生 100 年时代"，而年金已不足以支撑他们度过整个晚年。

老年人陷入贫困的个人原因

① 在职时收入低，或曾因为照顾老人离职，在此期间无收入，这些情况会导致没有年金或年金偏低。

② 不了解相关制度。许多人没能获取各种救济措施的相关信息，我们将在第 5 章介绍。这也与宣传不足这一"社会原因"有关。

例如，一位 60 多岁的男性突发心肌梗塞，花了 3000 万日元的退休金做手术和住院。他不知道有可以报销高额医疗费的制度。

③ 老年人的工作受到非正式雇佣和低薪的限制，某些地区的老人甚至连工作机会都没有。

每个都会随着年老变得多病，并经历友人的相继离世。自拙作《下游老人：一亿人老后崩坏的冲击》在 2015 年出版以来，社会状况时刻发生着变化，为老年生活做心理准备和实际安排的人多了起来。最近，研究援助制度的老人也变多了。

即便如此，"如果生病了的话……""如果这笔钱被偷了的话……"，诸如此类的担忧是不会停止的。"夜里会突然不安到流下眼泪……"，2016 年年初以来，此类咨询的数量呈爆炸式增长。

案例 2："有 600 万日元的积蓄还是难以安心"，照顾患认知症妻子的 78 岁男子

"真的很不安。现在虽然还算过得去，但没有更好的办法吗？"与妻子相依为命的三泽清（化名，78 岁）先生在电话里问道。他的妻子已经 84 岁，患认知症，病情日渐严重。

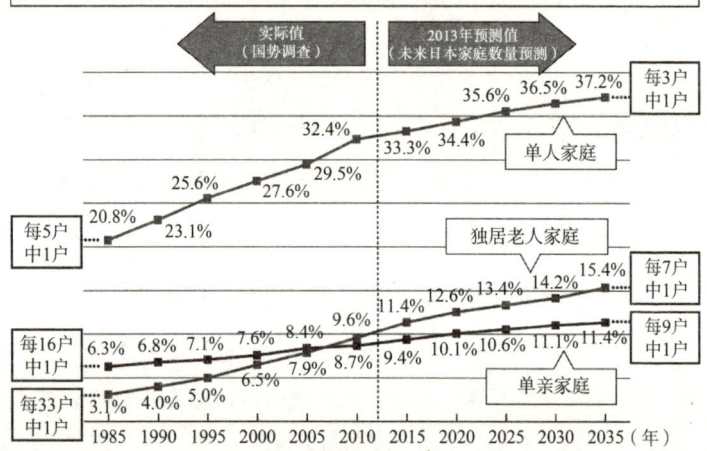

图表 4-4 家庭构成的变化及预测

单人家庭、独居老人家庭及单亲家庭都呈增多趋势。预计单人家庭的比例将在2035年达到四成。[家庭总数约5184万户（2010年）]

注：户主年龄在 65 岁以上即被视为老年人家庭。
出处：总务省统计局《国势调查》（人口普查），国立社会保障和人口问题研究所《未来日本家庭数量预测（2013 年 1 月）》

妻子虽然没有病到做不了家务的程度，但是有时出门后找不到回家的路，会在离家一小时电车路程甚至更远的地方被警察收容。为了确保妻子能安全回家，三泽必须在她出门购物时同行。

"两个人每月的年金加起来大概有 23 万日元吧，是的，还算不错。但我最近腰腿越来越不好了，这样没完没了的，有时候每个月要去派出所接她好几次，想到今后就感到力不从心。我该怎么办啊？"

我们进一步了解到，三泽有大约600万日元的存款。每逢盂兰盆节和年底，儿子们都来相聚，虽然相处不是很融洽，但也没有断了联系。孩子们都能自力更生，夫妻二人可以没有后顾之忧地去旅行。可即便如此，三泽还是会不停地担心"准备还是不够充分吧？"

"没想到会变成这个样子，准备了这么多，感觉还是行不通。"

"不会行不通，放心吧，您已经准备得很好了。"

即便被人如此安慰，他还是认为自己的不安是"没有做好充分的准备"导致的。

把年轻岁月都用来"为养老做准备"是极大的浪费。欧洲国家的情况与日本大相径庭。在法国等国家，年轻时为育儿和工作忙碌的人，进入老年就像得到了解放，尽情享受生命的精彩。因为社会保障制度优厚，个人或家庭不会像在日本一样背负护理和医疗重担。

在不是福利国家的日本，"二战"前像农村社会一样，人们靠同乡关系、集体和互助的方式养老，战后则由支撑经济高速发展的企业来解决年金问题，所以相关制度极不完善。类似的公民要靠自己的努力来养老的国家还包括美国和韩国。在这些国家，保险产品往往畅销，日本则名列前茅。

三泽就是在这种国家生活的国民的典型。因日晒、饥饿等本来无需忍受的遭遇而悔恨"是自己遭了报应",这样的国民性在21世纪仍然存在。

三泽的妻子虽然偶尔不知道自己是谁,但是她腿脚方便,意识也很清晰,接受护理认定也基本是1级或2级的情况。

"我觉得现在的护理级别应该不会达到3级,这样的话要怎么申请进入特别养护老人院呢?"

"特别养护老人院啊……"

特别养护老人院是只需支付低额费用就能入住的公营护理设施。从2015年4月1日起,入住标准被修改为"原则上护理级别要在3级以上"。三泽在电视上看到相关新闻后,就给我打了电话。从三泽夫妇的生活水平来看,每月支付5~8万日元入住特别养护老人院是不成问题的。但是护理1级或2级的老人,只能去收费老人院、低收费养老院或者护理老人保健设施,无论哪一种,稍微贵一点每月收费就会接近20万日元,600万的积蓄很快就会被耗光。

现阶段并没有与三泽的情况相符的福利制度。当妻子的护理变得棘手,存款也消耗殆尽的时候,他还可以申请最低生活保障。研究过宣传手册的三泽当然是知道这一点的。

"但是,我唯独不想接受最低生活保障,没有现在就用得上的政策吗?"

援助越来越少，负担越来越重

在这次的案例中，我们帮助当事人申请了护理保险。在向地区综合支援中心的护理主管咨询了之后，结果如三泽所料，护理级别被认定为2级。护理人员接受三泽的委托，每周提供三次上门服务。为了不让三泽累倒，护理人员还向他介绍了可以在护理中心短期居住的暂住护理服务（short stay），总算是突破了难关。

衰老不是睡一觉就好的小感冒，认知症可能一天天变严重。人人都会与衰老的焦虑作斗争，然而已经开始的制度改革却让焦虑更严重。归根结底，援助的削减像勒着脖子的线一样越收越紧，使老年人不得不焦虑。对于生性多虑的日本人来说，悄悄告诉他们"国家不会再照顾你们了，自己做好准备吧"，无异于在伤口上撒盐。

① 2013年8月～2015年，降低对接受最低生活保障者的生活补助基准

从2013年起阶段性实施，三年间生活补贴削减比例最大时达到了10%。此后就算是接受最低生活保障的人，也会不断咨询伙食费或生活费不够的问题。

② 2015年7月，降低对接受最低生活保障者的租房补贴金额（住房补助上限）

在全国削减额度最大的埼玉县自治体中，川越市一人家庭的削减额为1.1万日元，二线城市（越谷市、熊谷市等）二人家庭削减额为1万日元，三线城市（久喜市、鸿巢市等）二人家庭削减额为9900日元。在埼玉市，一人家庭的削减额为2700日元，二人家庭的削减额为8000日元，三至五人家庭的削减额为3000日元。

二人家庭中的老年家庭及单身母亲家庭深受影响，咨询电话接连不断。要知道，供贫困者租住的廉价公寓原本就很少。

③ **2015年8月，修改护理保险制度**

达到一定收入水平的人（单身，每年年金收入超过280万日元）的自费比例从一成上调至两成（厚生劳动省正在考虑把年金收入达到383万日元者的自费比例上调至三成）。一如既往，有很多老人抱怨护理负担太重。

④ **2016年11月，70岁及以上老人医疗费自费比例上调（2017年开始进行重新评估）**

在高额疗养费制度下，每月自费金额的上限由收入水平决定。制度规定超过上限的部分由公共医疗保险等承担。虽然70岁及以上的人比70岁以下的人医疗负担重，自费金额上限更低，但是政府为了抑制今后社会保险费用的上涨，在收入与劳动年龄人口相当的人之上，又增加了约1243万年收入不足370万日元的人，作为上调自费比例的对象。从2017年8月开始依次进行评估。

⑤ 2016年12月14日，通过国民年金法修正案（从2021年开始施行）

安倍政府曾表示老年人的年金"能达到在职时期收入的一半"，但"因为现在的年金水平较高，达到了在职人员收入的六成以上，恐怕未来的年金水平会有所下降"。对此，政府将从2021年度开始实行新的规定，按照在职人员的工资下降幅度减少年金给付额。

具体来说，从2021年度开始，即使物价上涨，只要在职人员的工资水平下降，就要按照工资的减少幅度减少年金给付额度。自2018年度起，政府将加强"宏观经济下滑机制"，将每年年金的增长幅度控制在相较工资、物价涨幅低1%的水平。

民进党、共产党等党派在参议院全体会议上对国民年金法修正案进行了批判，称其为"年金削减法案"，以现年金受领者将难以维持生计为由表示反对。自民党、公明党、日本维新会等党派则以"为后代着想"为由表示支持。最终，会议以多数赞成通过了修正案。这些党派人士似乎只在对自己有利的场合才会为年轻人着想。若真心诚意为后代人的生活考虑，不如效仿意大利和法国，建立让老人能安享晚年的完备的社会保障制度。如果现在的老人只会让人产生"我以后可不想变成那样的人"的想法，那么年轻人就只能拼命攒钱为养老做准备。

在我身边，像苦行僧一般的学生越来越多。政府站在劳动年龄人口的立场,提出"计划将未来的年金给付额度提高约7%(每月5000日元左右)"。对此,众议员井坂信彦指出:"为了把现劳动年龄人口的每月年金给付额度提高5000日元,需要把过去10年的年金缩减额以4.2%的投资收益率运转20年,收回2.3倍的本金。"这还是在经济景气的前提下所做的推算,究竟能在多大程度上付诸实践是十分令人怀疑的。

除修正案的内容本身之外,政府失信于国民的最主要原因,在于没有切实履行说明义务。这使人们产生了一种"就算按时交年金保险,老后也过不上好日子"的不信任感。而把国民年金法修正案与赌场法案一同审议,仓促地进行表决,则怎么看都像浑水摸鱼。毕竟相较于年金,赌场更有话题性,各路媒体纷纷对其进行报道,国民的目光自然聚焦于赌场法案而非年金问题上。

2016年11月25日,我应众议院厚生劳动委员要求,作为参考人对国民年金法修正案提出反对意见。老年人相对贫困率较高,修正案势必会对低收入者和低年金受领者的生活产生巨大冲击。以一对70多岁的夫妇为例,两人一个月的年金收入为9万日元,即便省吃俭用,也需要靠丈夫送报纸赚外快才能勉强度日。如果年金给付额进一步减少,那么为了维持生计,他不就得送更多报纸?同时,自杀、全家自杀、护理杀人等恶劣事件的发生率也会上升。削减年金对未来的影响是不可估量的。

本书作者陈述对年金法案的反对意见（众议院厚生劳动委员会，2016年11月25日）

在对年金制度改革相关法案进行表决的会议上，民进党等党议员向委员长丹羽秀树（左三）逼近（国会，2016年11月25日，川田雅浩/摄）

虽然我从委员会拿到了一些资料，也进行了相关探讨，但关于削减年金这一做法的依据，厚生劳动省却没能给我一个合理的解释。

从艺人家属领取最低生活保障金事件说起

也有人指出，就算因为年金削减而生活窘迫，"不是还有最低生活保障金吗？"从厚生劳动省 2016 年 12 月公布的数据来看，全日本正在接受最低生活保障的家庭共有 1636902 户，创近年来最高纪录；其中 65 岁及以上老年人的家庭为 835402 户，同样为近年来的最高水平。

如果能全面贯彻最低生活保障制度，向贫困者发放补助金，使其每月生活费能达到"最低生活保障基准"，那么用"要依靠最低生活保障金生活"定义"下游老人"便可，没必要加上"相当于"。之所以加上这三个字，是因为有 600 万以上人口达到了受领标准却无法接受（无意接受）最低生活保障。

和案例 2 中的三泽一样无论如何都不愿意接受最低生活保障的人，在各个年代都大量存在着。三泽至少对最低生活保障制度的说明书等资料进行了研究，另外一些人甚至连说明都不愿意听，直接拒绝道："决不接受最低生活保障。""最低生活保障"已然被污名化，让人听之便出于本能般地抗拒。我想这与 2012 年的"那个事件"是有关系的。

具有赡养能力的某艺人被曝光其母长期领取最低生活保障金，引发了一连串关于"非法领取"的报道。最低生活保障申请者需要接受年收入、家属的赡养能力、有无资产等调查，不符合相关条件的人蒙混过关，导致所有接受最低生活保障的人都被投以怀疑的目光。随着电视、周刊等媒体的报道不断扩大该事件的影响，连议员们都被动摇，导致了该法自1950年颁布以来的首次修订。修订内容包括强化对最低生活保障申领者的调查，要求申领人提交必要文件（特殊情况可采用口头陈述）。这一做法使得申请者俨然从"被救济对象"变成了"被监视对象"。

原本建立最低生活保障制度的初衷，是让生活困窘的人可以到窗口求助。然而，这种"性善说"已经向"性恶论"转变——生活放荡的人想到还可以申请最低生活保障，不至于活不下去，便将错就错；换句话说，"领最低生活保障金的都不是好人"。明明急需救济，却要接受长时间的审查，迟迟拿不到补助，或者申请受到阻挠，这样的案例屡见不鲜。

最低生活保障基准的持续小额度下调，想必也是政府在响应国民对最低生活保障制度的质疑。从结果来看，生活扶助基准的下调让人担心即便接受最低生活保障，也无法过上日本宪法第25条所规定的"健康又文明的最低限度生活"。

极少数的最低生活保障申领者被迫将国家告上法庭，提出"不要降低最低生活保障基准"的诉求。不过采取该行动的终究只是极其有限的一小部分人，绝大多数人都选择忍气吞声。在"没体力干活，倒是有体力打官司"之类的刺耳的批判声中，他们惊恐地保持沉默。

案例 3：接受最低生活保障后自杀的 72 岁老人

我们向来到 hotplus 的火田进一（化名，72 岁）再三解释道：

"这并不是一个丢人的制度。因为火田先生您单靠年金生活是有点困难的，所以我们建议您接受最低生活保障。"

"还是挺丢人的。要让我靠最低生活保障过日子，还不如死了算了。反正人终归是要死的嘛。"

"可是……"

"除了最低生活保障就没有别的方法了吗？比如向银行借钱之类的？"

"您没有收入，恐怕会有些困难。"

"那高利贷呢？"

我们花了整整一周时间才说服他接受最低生活保障。那时正值某艺人的母亲领取最低生活保障被曝光，舆论哗然，批判之声高涨。在火田先生看来，最低生活保障是只有不自立、怠惰、无计划的人才会申请的补助,所以无论如何也不愿意接受。

"真的不好意思,我实在没想到自己会变得这么不中用。是我自己不好。"

火田年轻的时候工作十分勤恳,收入也有不少,然而只在很短的一段时间里缴纳了年金保险。他退休之后,储蓄渐渐用完了。日本就是这样一个老后也要有资本才能过上正常生活的国家。

"别无他法,您就跟我去一趟市政府吧。"

"哎,还是算了吧。肯定有别的方法。"

"真的没有了。"

好在最后我成功说服火田先生去市政府提交了申请材料。窗口工作人员对72岁的火田先生说了句"还好您没有太勉强自己"。这是很温暖的话。如果申请者是年轻人,倒有可能被调侃"你还能工作的吧"。

"实在对不住,我一定尽快找到工作。"

"没关系,您现在安心生活就好,用不着找工作。况且年过70,也很难找到工作了吧。"

"对不起,对不起。太谢谢你们了。"火田先生流着泪说道。

这件事本应该算是顺利解决了,但是8个月后,市政府突然联系了我。火田先生投水自尽,被送到医院了。他留了一封遗书在住所。

"对不起,都这把年纪了还需要国家照顾。了无积蓄,就用命来还吧。"

火田先生昏迷了一段时间,最后还是离开了人世。

用 10 万日元的叩拜宣告终结的人生

火田先生别无长物,也没有积蓄,因此他的葬礼形式是"直葬"。既没有请僧侣,也没有花几十万日元买戒名。要价低的丧葬公司直接将火田先生的遗体送往了火葬场。"葬祭扶助"也是最低生活保障的内容之一。

这样的案例在一定程度上改变了我关于最低生活保障制度的看法。虽然火田先生没有坚持缴纳年金保险费,但他的消费行为没有停止,同时也在缴纳房租。也就是说,他缴纳了几十年的消费税。非筹资型最低生活保障制度的资金100%来自于税收。因此,火田先生完全可以将领取最低生活保障金理解为对自己缴税的回报。

如果还是因为受了"恩赐"而良心不安,不如干脆把最低生活保障"保险化"。比如说,每个月缴纳 100 日元,哪怕只是装样子,也会让人在接受最低生活保障时有"享受应有服务"的权利意识,从而坦然领取补助金。

按理来说,扶贫制度是不需要申领者缴纳费用的,非筹资型发放是重要原则。然而，贫困已经被歪曲、歧视、批判到如此程度，为了防止更多孤独死、饿死事件发生，我们只能下定决定商讨出更好的政策。在不寻常的国家建立不寻常的社会保障制度，不是更可行吗？

"直葬"是一种简单的丧葬形式，适合像火田先生一样亲友已先去世的、无依无靠的人。日本进入"多死社会"后，丧葬场需要排队一周是很常见的。每逢夏天，还需要用干冰来给排队的棺木降温。

"不要棺和墓，把我的骨灰撒到海里"，这样的遗言越来越多。这是出于不想给家人添麻烦的想法吗？檀越和寺庙文化，以及红白喜事的惯例逐渐失去其必要性。拥有死后供家人齐聚参拜的坟墓将渐渐成为高收入者的特权。说起来，我结婚的时候，就有几位朋友因为掏不出三万日元的礼金而没有参加婚礼。由于贫困，我们将失去的不仅仅是丧葬文化，而是婚丧嫁娶的文化。人与人的交集逐渐变淡，这是一个让人孤单地活着、孤单地死去的社会。悲痛的亲友送别亡者的葬礼，收获众多祝福的结婚生子，都将逐渐成为历史。

Hotplus 组织的活动包括用与最低生活保障金相当的钱帮办丧事——举行叩拜和目送死者离开的仪式，所需费用约 10.5 万日元。最终这笔钱由国家或自治体承担。申请基于最低生活保障法的丧祭扶助的人逐年增加。据厚生劳动省统计，2013年度全国每月平均约有3200户家庭使用该项扶助，是2004年度的1.5倍。

救援不到位导致的更大灾难

"早点到这里来就好了。"

在我们援助的老年人中有不少人这样说。当然，除了hotplus以外，全国各地都有非营利扶贫机构。虽然网络上有很多相关介绍，但是如今的重要课题是如何将信息传达给不使用网络的老年人。

2015年6月发生的新干线火灾，就是任何NPO都不能挽救的事故之一。6月30日白天，在东海道新干线的列车车厢内，一名71岁的男性在身上淋汽油后点火自焚。这是一起将周围乘客卷入其中的自杀事件，造成了严重的人员伤亡。

据报道，该男子从日本东北地区来东京，曾做过流浪歌手和公交车司机，连续缴纳国民年金和厚生年金保险35年。即便工作不稳定，他每月仍如期缴费，想必是明白，举目无亲、没在大企业任职的自己只能靠年金养老。据说他工作态度十分认真，也从未拖欠过房租。

该男子退休后的年金是两个月发放一次，每次24万日元，即每月12万日元。因为厚生年金是由在职期间的酬劳比例决定的，所以从中可以看出他一生都从事着低收入工作。

2015年，该男子居住的东京都杉并区的最低生活保障基准为144430日元（生活补助74630日元，住房补助69800日元）。虽然还必须参考资产状况和其他因素，但是接受最低生活保障的人不用缴国民健康保险及居民税。也就是说，尽管该男性加入了年金保险，但是真正到了要靠年金生活的年龄，因为要缴上述两笔费用，他的生活水平是低于最低生活保障基准的。听说他曾去区政府放话说"我要自杀给你们看"，却被员工反驳道"您真的有这个觉悟吗？"；给议员打电话诉说过生活的难处；似乎曾哀叹，缴了国民健康保险和居民税之后，生活费仅剩6万日元。如果是真的，很难想象他是如何靠6万日元生活的。据说他曾在超市买酒，说"没有这个就睡不着啊"。最后连回收空瓶罐的工作也做不下去了，好像得了抑郁症。

如果区政府的员工向该男子介绍最低生活保障及生活贫困者援助制度，并带他到福祉科，那么他也许能领取与最低生活保障基准相差的那部分补贴，并享受相应的减免政策。最低生活保障不只是发放补贴，也发放物资。然而，一些"需要保护的人"仍因不知道有这种制度而无助地过着艰辛的生活。我忍不住想，这种"你不问我就不告诉你"的申请制度是带有恶意的。

受到新干线火灾事件的影响，国家要求国土交通省和JR（日本铁路公司）共同完善防灾对策和恐怖袭击对策。防止事故再次发生固然重要，但还是希望政府同时能明确提出应对贫困的对策，向需要最低生活保障的老年人宣传援助制度的存在。

不要让令人懊悔的悲剧重演。

案例4："在我死之前，请一直雇用我"，靠遗属年金生活的74岁女性的祈祷

"没有钱的人，寿命比较短哦。"

二宫光子（化名，74岁）直言不讳。3年前丈夫去世后，她独自住在出租屋里。"没有钱的人"似乎是和二宫太太一起打门球的邻居，因为她自己每月的遗属年金和打工赚的钱加起来有24万日元，日子还算好过。

"朋友去世之后，自己也会感到不安……工作上也渐渐力不从心，想辞职了。到时候，是不是有什么制度可以保障我的生活？"

虽然二宫太太自己的生活水平尚可，但是她身边的"下游老人"相继离世，这让她感到孤独。况且，12万日元的遗属年金在她付完房租、水电费、医疗费以及护理保险费之后所剩不多。孙子来玩的时候至少想要给他些零花钱，敬老会的旅行也想参加。所以，为了让手头宽裕一些，她兼职做时薪900日元的清洁工，工作地点在最注重卫生的医院，一干就是5年。

二宫太太虽说腰腿不太好,但是并没有花大笔的医药费。因为她还有50万日元的存款,且不需要护理,所以不符合最低生活保障的申请条件。但她至少可以尝试每个月节省4万日元的房租。我们向她推荐了搬到公营住宅居住的方案,在她同意后办好了手续。在日本,办这样的手续也是需要申请的,而且需要老年人亲自去办。我们仅能从旁协助。

"没关系,我已经拜托过医院的各位医生了,对他们说,在我死之前请一直雇用我。"

二宫太太看起来放心了一些,笑着说道。

无论是在旅馆还是运动俱乐部,我经常看到一些老年人打扫卫生的身影。既然能长期在医院工作,我想二宫太太一定是位优秀的清洁工。

 职员都是社长,关注"协同劳动"!

《老年人经济生活相关意识调查》(内阁府)显示,关于工作原因,60岁以上受访者回答"赚取生活费"的最多,2011年占59.1%,比2001年的52.2%多出了6.9个百分点。今后在保洁、房屋综合性管理、搬运、安保、卖报、交通运输等行业中,老年人的身影应该会越来越常见吧。一方面,年金不足以维持生计的老人需要工作；另一方面，这些行业长期人手匮乏，但非正式雇佣不能吸引想做稳定工作和提升技能的年轻人。容易发生工伤事故也是这些行业所共有的缺点。总之，它们主要吸收老年人为劳动力。鉴于没有60岁以上的老年人就没法运转的公司越来越多，我们希望企业能提高工作的安全性。

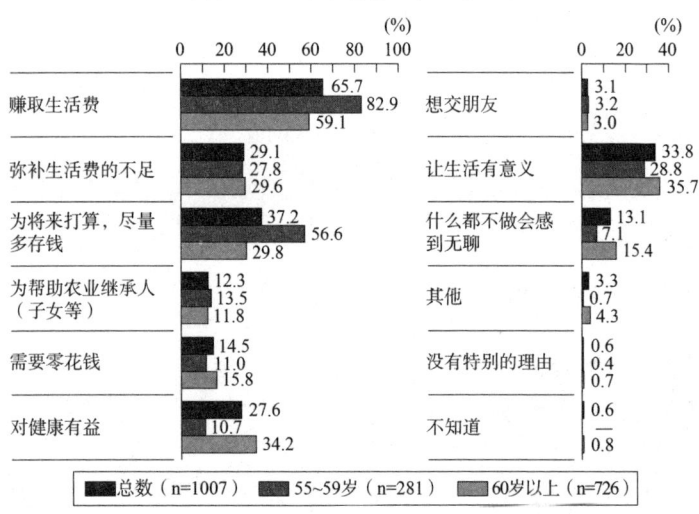

图表4-5 从事有收入职业的理由

出处：内阁府《2011年度老年人经济生活相关意识调查》

即便企业在安全问题上考虑周全，老年人由于年迈而放弃工作的情况也是存在的。此外，也有人认为保洁、送货、售货等常规工作在未来10~20年内会被机器人取代。用无人驾驶的汽车送快递（AI劳动）的日子应该也不远了。不同于必须在规定时间内最大限度完成工作的时薪制度，每周工作五天或者三天，或者只在早上工作，像务农一样按照自己的节奏劳动，这不就是政府所提倡的工作方式改革吗？

一种名为"合作化劳动"的新型工作形式在国外备受关注。所有人共同参与经营，创造对人和地区都有用的工作岗位，使各人能够发挥自身的长处。在这种情况下，没有人认为"欣然接受加班"是一种美德。说到工作形式，人们很容易认为就是被企业雇用，但是在合作化劳动模式中，人人都是社长，是投资人，也是劳动者。日本也有老人合伙投资办"路边休息站"出售当地特产的成功例子。

"与其说是被雇用，我更觉得这就是我自己的店，是我们自己在想办法把商品卖出去。"员工的话引起了人们的注意。尤其是对于那些在黑心商家的压榨下身心俱疲的年轻人，这样的工作环境能够帮助他们找回初心。

护理行业长期人员不足，不同护理企业联合建立了护理事务所，共同分担护理任务。当然，为了维护和推进协同劳动，制定规则是必要的。在国外，西班牙的合作化劳动组织——蒙德拉贡联合公司广受好评。该组织有完善的法规，成员多达83000人，即使是在经济危机中也能保持快速的发展。荷兰的阿尔茨海默症患者疗养镇霍格威也是个值得参考的例子,那里的居民过着相互帮助的生活。

建立霍格威小镇的想法来源于护工之间的闲聊。不应该让政治家全权负责建立21世纪应有的社会体系,而是要让相关人士也参与摸索。对于《护理保险修正案》将需要1级和2级护理的人排除在外一事,我们的确不应该默不作声。

第 5 章

日本贫困生活

社会和个人所能采取的最好策略

贫困对策有"防贫"和"救贫"两种。如果说对教育的投资可以最大限度预防贫困，那么为人民提供基本生活保障则是一种救贫措施。在日本，本应是防贫对策的教育却因奖学金利息过高而将学生逼入困境。同样，本应保障人们生活的安全网也因为"贫困都是自己造成的"等言论而越收越紧，让人喘不过气来。社会保障就处于这种极为扭曲的现象的中心。另一方面，在金融危机等一系列事件的影响下，政府采取了紧急应对措施，这些措施在法律上有时限，且附带繁琐的条件，令人费解。各种各样的社会保障制度都像纸糊的一般一戳就破。在这样的社会环境下，让我们在NPO等咨询机构的帮助下，一起来了解对自己适用的制度吧。

知识篇：光是了解就能安心

关于日本的社会保障制度

接下来，我将对日本的社会保障制度进行基本的说明。尽管我们可以通过政府机构的宣传册或通过网络进行了解，但是我也亲眼目睹了无数老年人在被工作人员告知"请上厚生劳动省官方网站查询"时无助的样子。事实上，我个人认为应该像普及义务教育一样普及这些知识。除基本说明外，我将在"生存策略①~⑥"中分享 hotplus 使用过的捷径和一些鲜为人知的与制度有关的简单信息。

虽然日本在第二次世界大战前已有互助制度，但是保障国民生存权的法律是在 1947 年《日本国宪法》施行后才制定的。作为社会保险的补充制度，"社会福利""公共扶助""公共卫生"等也得到了发展。

(1) 社会保险

社会保险是以国民缴纳社会保险费为基础的制度，是日本社会保障的根基。

当国民因疾病、受伤、生育、死亡、年老、残疾、失业等陷入生活困境时，可根据社会保险制度获得一定的补助。

具体而言，社会保险包括健康保险和年金保险。

健康保险

医疗保险的一种，被保险人就医时仅需承担部分费用（一般为 30%）。为了让所有人都看得起病，健康保险是面向全体国民

的。虽然公务员、船员等不同职业的人所享受的健康保险种类有所不同,但是最具代表性的是以下两种:

① 社会保险

以公司为单位参保。保险费由被保险人和公司各承担一半。

② 国民健康保险

个体经营者、非正式雇佣员工等以个人身份参保。保险费取决于被保险人上一年度的收入情况。

生存策略❶

寻求医务社工的帮助

保险的作用并不仅仅在于降低医疗费用。通过高额疗养费制度,因接受手术或其他原因而超出一定金额的治疗费将返还给被保险人。不仅如此,难以承担保险费的参保人可以采用延期或分期的方式缴纳。在这方面,人们可以咨询那些常驻于规模相对较大的医院的医务社工。

这些人也被称为医疗顾问。当病人、伤患及其家属有不懂的地方时,医疗顾问会告诉他们可以使用哪些制度,以及如何使用、需要满足什么条件。医疗顾问大多是有资质的社会工作者，可以帮助病人解决出院后无地方居住和回归社会的问题。

大致的流程为先向诊疗人员咨询，然后到医疗咨询室面谈。相关人员都有保密义务，不会对外泄露面谈内容。

此外，你还可以向社工咨询没有钱支付医疗费用、居无定所且无居住证等各种各样的问题。《社会福利法》规定了"为生活困难者提供免费或低费用的医疗服务"。除了众所周知的社会福利法人恩赐财团济生会下以"某某济生会医院"命名的医院外，还有许多医院都是**免费及低价医疗机构**。在全日本民主医疗机构联合会的官方网站（https://www.min-iren.gr.jp/?p=20120）上可以按指定地区检索医院。在医疗咨询室与社工面谈后，便可安排就诊。

年金保险

指的是每月缴纳一定金额的保险费，作为国民退休（60～65岁起）后遇到残障、死亡等问题时所需要的公共养老金。人们一般称该制度为"双层建筑"。个体经营者每个月只需缴纳国民年金，而公司职员则需要同时缴纳国民年金和厚生年金的保险费。2016年3月国民年金法修正案提交国会后，政府针对年金保险制度的管理使用进行了多次重新评估，需在日本年金机构的官方网站（http：//www.nenkin.go.jp/）上确认最新信息。

① 国民年金保险

所有在日本境内居住的20~60岁居民都必须加入国民年金保险。该制度为收入不稳定的非正式员工和个体经营者提供老后的保障。此前的规定为持续缴纳保险费25年后方有资格领取年金，在相关法规经过修改后，缴纳期缩短为10年，从2017年10月开始生效。据称有资格领取基础年金的人因此新增了约40万。

除此之外的其他措施包括可补缴5年内的保险费，增加将来年金领取额的特别缴纳制度，推迟领取年龄以增加领取金额等。

② 厚生年金保险

公司职员在已经加入国民年金保险的基础上加入厚生年金保险。所有法人事务所、员工数为5名以上的个人事务所都有义务加入厚生年金保险，70岁以下的全体员工都是被保险人。非正式员工的工作时间和天数若超过正式员工的四分之三（大致为每周30小时以上），则可以参加厚生年金保险。2016年10月起，厚生年金保险扩大了覆盖范围，针对员工人数达到501人的公司，参加厚生年金保险的条件由每周工作30小时调整为了每周工作20小时。

③ 障害年金保险

该年金保险制度所针对的是因疾病而在工作、生活上有困难的人。很多人误以为只有残障人士能参加该保险，事实上，诸如癌症、心脏病、脑部疾病患者等，均在覆盖范围以内。有些人年纪轻轻就患上进行性疾病，而障害年金保险可以说是专为这些将来拿不到养老年金的人制定的预支年金的保险制度。医生们不了解障害年金保险的情况也是存在的，因此建议有需求的人向社会工作者、社会保险工作者、NPO 等寻求帮助。

生存策略❷

超老龄社会中绝不能错过的年金信息新动向

除上述公共年金制度以外，还有企业为员工提供老后保障的"企业年金制度"。该制度产生于 1965 年前后，为慰劳长年为公司工作的员工，将全部退休金分期发放给他们。在日本经济高度发展时期，物价飞涨，工资却没有跟着快速增长。对此，公司向员工一次性支付高额退休金，并设有月薪"延期支付"的企业年金制度。

然而，随着人的寿命的延长，企业出现了被退休金拖垮的情况，不得不对企业年金制度进行修改。日本进入超老龄社会后，2016 年度社会保障相关经费占国家一般预算支出的

33.1%，远远高于公共事业经费所占的 6.2%和国防经费所占的 5.2%。如何保障今后的财政收入成为当务之急。在这种情况下，我们会怎么样呢？万一到了领年金的年纪，发现年金少得出乎意料怎么办？尽管 hotplus 等机构会继续提供支持和帮助，但我仍要向大家介绍经验丰富的"年金专家"的组织——"全日本领取年金者工会"。这个组织从 1989 年开始致力于解决老年人的贫困问题、无年金和年金少的问题。为了守护全国老年人的生命和生活，组织成员会陪同老人进行最低生活保障申请，拿回"消失的年金"，策划社团活动以防老人陷入孤立状态，等等。当然，除了老年人之外，他们也接受在职人员的年金相关问题的咨询。

护理保险

所有国民从年满 40 岁当月起开始参加并支付保险费的制度，用于帮助需要适当的护理服务的人，目的在于减轻被护理者家属的负担。以下为加入护理保险制度的程序。

① 到当地负责该保险的窗口进行咨询。

② 申请护理需求认定。当地机构会要求主治医生提供意见书，此外工作人员会登门进行审查。提交申请后 30 天以内会收到申请

结果。根据最终结果的不同，每个人享受到的护理服务和补助金额会有所不同。大体上分为以下几种服务：

- 介绍护理服务所需费用，制订护理计划。
- 登门提供家务帮助等服务。
- 护理设施日托服务。
- 长期或短期的护理设施全托服务。

若一年内个人承担的健康保险和护理保险费用超过一定金额，超过部分会作为"高额护理合计疗养费"退还。若想减轻医疗费用和护理费用负担，请务必使用这一制度。整理好所需材料，向居民卡登记所在地提出申请。

(2) 社会福利

以下公共福利是为帮助残障者、单身母亲家庭等有困难的人克服社会生活中的不利条件而存在的。有相关需求的人请向居民卡登记所在地提出申请。

儿童福利

① 子女补贴：在子女初中毕业前，按子女人数向父母发放补贴。可向居住地的市区町村咨询申请手续。该项福利不受个人收入影响。

② 公立高中免学费和高中入学补贴：学生可以免费接受教育，就读于国立、私立高中的学生可享受入学补贴。

③ 儿童咨询所：根据儿童福利法，各都道府县以及特定城市均有义务设立的儿童福利机构，提供咨询、调查、保护、指导等服务。

单身母亲家庭及遗孀福利

① 儿童抚养补贴：向单亲家庭提供经济支持。

② 单身母亲家庭资金贷款制度：为教育、住房、结婚、技能学习、医疗护理等产生的费用提供贷款，免息或低息。此外，父亲去世的单身母亲家庭，可享受国民年金制度下的遗属基础年金、厚生年金制度下的遗属厚生年金、最低生活保障制度下的母子额外补助，以及所得税和居民税中的减免福利。

生存策略❸

没有进行居民登记的情况下如何使用公共福利制度

原则上，公共福利由居民卡登记所在地的自治体提供。然而，也存在出于某些原因无法进行居民卡登记的情况。若向当地政府机构咨询，就会得到工作人员的帮助，虽然不一定能百分百解决问题，但希望大家不要放弃这条途径。尤其是政府机构也在不断加深对家庭暴力和尾随跟踪等行为的受害者的理解，由配偶暴力咨询援助中心接受相关咨询。

● 应急制度使用实例

① 向当地政府提出申请，告知工作人员你正在躲避家庭暴力或尾随跟踪，要求他们限制公开你的户籍、居住卡等信息，以避免你的下落被对方知道。

② 出走时要带上保险证。如果在没有携带保险证的情况下使用国民健康保险，要将自己和丈夫的家庭分开。在有保险证的情况下，使用时要事先向医院说明情况，提出即使是家人来询问也不能透露自己的住址、电话号码等信息的要求。

③ 若自己是丈夫的被保险人，则退出丈夫的健康保险，重新加入国民健康保险等。虽然在这种情况下，退出保险的手续只有丈夫可以办理，但是可以向政府机构说明情况，要求采取特殊措施。此外，还可以申请最低生活保障，使用医疗券就诊。

(3) 公共扶助

最低生活保障

该制度向所有为生活所困的国民提供必要的保障，以保证其能过上健康又文明的最低限度的生活。被保障的生活水平（即最低生活保障基准）根据居住环境以及家庭组成等有所不同，且每年都有所变动。原则上，当所有家庭成员动用了所有可以动用的资产——包括年金、补贴等——使用了所有可以使用的制度后，家庭收入仍然少于最低生活保障法中规定的最低生活费，才可以使用最低生活保障制度。根据法律规定，最低生活保障由八种"扶助"和各种额外补助构成，具体项目如下。

① 生活扶助：一类为食物、衣物费用等，二类为水电费、家具、家居用品等；

② 住房扶助：房租、修缮费等；

③ 教育扶助：义务教育中必需的学习用品等；

④ 医疗扶助：医疗费、就医所需交通费等；

⑤ 护理扶助：上门护理费用、护理设施入住费等；

⑥ 生育扶助：生育所需费用；

⑦ 职业扶助：就业工作所需费用、高中学费等；

⑧ 丧葬扶助：葬礼所需费用。

"最低生活保障金的数额是统一的，即便不工作也可以得到一大笔钱。"相信这一说法的人多得数不过来。然而，国家制度哪里会如此简单。最低生活保障金的数额并不是统一的，针对地区、年龄、家庭成员等各个项目都有详细的金额规定。政府在提供最低生活保障时，主要以被保障人的收入是否低于当地最低生活费

（生活扶助基准）为根据。

让我们以 hotplus 所在的埼玉市为例，计算具体的金额。根据厚生劳动省的说法，作为首都圈内的政令指定市，埼玉市被认为是各类物价以及居住成本较高的城市，属于"1-1级地"。日本全国各个城市被划分为1-1到3-2的6个等级。

在埼玉市，单人家庭在需要支付房租的情况下，每个月可获得住房扶助费的上限为4.5万日元（2人家庭为5.4万日元）。可获得的一类和二类生活扶助费的总和约7.9万日元（单人家庭）。该金额会根据年龄以及家庭成员的不同而变动。独居者可以获得的住房扶助和生活扶助合计约12.4万日元。

患有疾病的人可以从福利事务所获取医疗券，到最低生活保障法规定的医院就诊。这就是医疗实物补贴。持有残疾证（1级或2级）的人，可获得约2.6万日元的额外补贴，有1名子女的单身母亲家庭可以获得约2.27万日元的额外补贴。除此之外，还有产妇补贴、冬季补贴等。

其他地区的最低生活保障基准还包含另外一些生活中必需的服务。即便你对最低生活保障本身没有兴趣，也可以去了解一下这些信息，弄清楚居住地自治体的服务指标以及物价水平。如果家庭收入只达到保障基准的1.2倍、1.3倍，则被认定为低收入家庭，进入援助对象范围。希望大家改变看法，将最低生活保障制度视为社会福利相关的各类补助的根本,而不是"不管怎样都能获得一大笔钱的制度"。

生存策略❹

用申请代替咨询

从原则上讲,最低生活保障制度以申请为基础,必须要本人或共同生活的亲人去相关窗口办理手续。无法自己前往的情况下,福利事务所可以提供职权保障服务。

在申请的时候,要明确告诉窗口工作人员"我是来办申请的"。请大家务必要注意,如果你告诉工作人员"我在生活上有困难,该怎么办?",对方可能会建议你去工作,然后拒绝你的申请。

即便只是口头上,只要明确表达申请意愿,政府机构就会提供申请表。一定要**明确地告诉对方"因为我生活上有困难,所以需要申请最低生活保障"**。申请的时候要带上印章(非渗透印章),最好带上存折。如果住在出租屋里,把可以证明房租金额的合同也一并带上。持有这些文件可以让对方了解你的穷困程度,有利于加快申请进程。

填写申请表的时候,工作人员会仔细询问你的生活困难程度，包括持有的现金金额等。此举并没有恶意，是希望你能证明自己没有资产。根据自治体的不同，有时会让你先把文件带回去，待他们调查登记后再通知你过去。这是因为询问和登记的过程需要1个小时，有时整个申请过程将长达3小时左右。比如，如果存折里的存款超过1个月的生活扶助费，即7.9万日元，申请人会被告知将这些存款用完再来申请，因为该申请人的经济条件超过了生活穷困的判断基准。

此外，因患病或者失业而无收入来源的人，若其银行账户余额达到10万日元，虽可以申请最低生活保障，但是第一个月的生活补助会被扣掉10万日元。

关于房产和私家车上的要求，很多人都有所误解。目前的政策下，只要没有收入，即使有房产和私家车也是可以申请最低生活保障的。如果在你居住的地方，车辆是正常生活所必需的，需要开车往返医院、接送孩子等，只要有诸如此类的正当理由，就可以在一定条件下被允许继续保留私家车。另一方面，如果房产的售价不高，继续住着反而更有利用价值，也会被允许继续持有房产。就算房产和私家车被认定为资产，但是因为无法立即出售，所以一些情况下可以先接受补贴，待资产售出后再中止或废止最低生活保障，并退还此前的补助金额。

通过谎报信息进行的申请,可能会被中止或废止,同时还可能被要求返还补贴金额,面临刑事处罚。因此,请大家用真实信息进行申请。

生活福利资金贷款制度

该制度面向低收入、残障人士、老年人、失业人士家庭,以无息或低息的形式提供贷款。65岁及以上的老年人若住在自己名下的房子里且已经还完房贷,以该房产为担保,可以通过"不动产担保型生活资金"制度贷款土地评估额的70%左右,每月最高可贷款30万日元生活费。请前往居住卡登记所在地的社会福利协会咨询详细信息。

工伤保险制度

这是被保险人因工作或者通勤过程中的灾害受伤、生病、残疾、死亡时可以得到保险补偿的制度。经劳动基准局评判,若符合条件,被保险人将从政府掌管的工伤保险中获得与受害程度相应的医疗费、退职金、年金等。保险费用由企业全额承担。无论是兼职员工还是正式员工,所有劳动者都在工伤保险的覆盖范围内。

一般由公司提出保险赔偿的要求,但被保险人本人和其家人也可以提出申请。到工伤指定医院就诊、接受治疗时，只要告知窗口工作人员自己是工伤保险的被保险人，并出示"赔偿申请表"即可，不需要自己承担费用。

生存策略❺

患病且没有收入来源，组合制度突破双重难关

伤病带来的困难是双重的，患者不但无法工作，没有收入来源，而且要支出医疗费。但是，如果满足一定的条件，如明确处于无法工作的状态、需请假4天以上等，则可以获得最高相当于六成月收入的伤病补贴，领取时间最长可持续18个月。如果能用这些钱补贴治疗费和生活费，早日恢复健康，回归职场，那是再好不过了。即使**被公司威胁"生病了就给我辞职"，也请不要轻易妥协**。短期内恢复健康然后换工作的想法并没有那么容易实现。即便是到了快退休的年纪，只要还是公司的员工，就可以获得补贴。同样是辞职，应该选择对自己有利的方式。

虽然伤病补贴针对的是非工伤和疾病，但工伤保险的被保险人也可以申请伤病补贴。

一名就职于设计公司的30多岁女性因长时间工作而病倒，

有资格申请工伤补偿。然而，劳动基准局要先调查她的病情与工作的因果关系，需要一定的时间来完成工伤补偿的判定以及补偿金的发放。在这种情况下，通常的做法是调用自己的带薪假期，一边向公司告假一边申请医疗保险中的伤病补贴。等工伤的认定完成后，换为工伤补偿。工伤补偿相较于伤病补贴更为丰厚，如不幸落下了残疾，可终生享受补偿，也不用自己承担治疗费用。

为了维持生活，在无法工作期间获得收入是十分重要的。希望大家能一边充分利用"门槛最低的"伤病补贴制度，一边结合其他制度，在避免陷入生活穷困的同时接受治疗，安心休养。

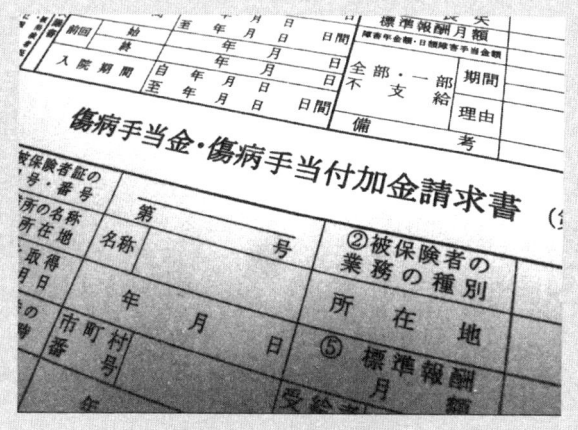

伤病补偿申请书（户嶋诚司/摄）

雇佣保险

该制度致力于改善劳动者生活，维持雇佣水平的稳定，促进就业，向失业人群以及接受职业训练的人提供失业补贴等。劳动者只要满足"每周工作时间满 20 个小时"和"预计被雇用时间超过 31 天"这两个条件，无论就职单位规模如何，均为雇佣保险的被保险人。雇佣保险的保险费由劳动者本人和用人单位支付，国家也会承担一部分。详情请咨询最近的劳动就业培训中心或各都道府县的劳动局。

① 求职者补贴：基本津贴、技能习得津贴、交通津贴、培训津贴、寄宿津贴、伤病津贴。

② 教育训练补贴：参加并完成指定课程后，本人向学校支付的经费由劳动就业培训中心返还一部分。主要为护士、牙科医生、保育员、理发师、营养师、维修员等专门职业的培训课程。

③ 离职人员住房援助补贴：为因付不起房租等情况而可能失去住所的离职人员提供公租房、房租补贴等。这是日本首个公租房补贴制度。尽管需要满足一定的条件，如正在劳动就业培训中心进行求职申请等，但是如果能使用这一制度，就不会失去住处了。

帮助解决生活中各种困扰的"生活穷困者自立支援法"

眼下贫困不断蔓延、贫富差异逐步扩大，但使用福利制度时仍需要满足各种条件，办理手续也十分繁琐。从2015年4月开始，全国各地自治体开始试行综合性咨询援助。厚生劳动省的说明如下页所示。

虽然此前已有类似制度，但是由于没有被整合，各个办事窗口经常踢皮球般互相推诿。为了改善这样的情况，今后还要增加新的援助项目。尽管人们还有各种担心，如该制度最重要的援助环节会不会被外包等，但我还是想用长远的目光关注这个问题。如果你的问题没有得到妥善解决，希望你可以联系厚生劳动省并提出意见。

自立咨询援助事业	专业的工作人员和咨询者一同思考可行的援助形式，制订以自立为目标的援助计划和时间表。
住房保障补贴的发放	当咨询者因离职等原因失去住处，或有失去住处的危险时，若其满足正在找工作等条件，则可在一定时间段内向其发放与房租金额相当的补贴。
就业准备援助事业	当咨询者面临"对社交活动感到不安""难以与他人顺利交流"等困难时，通过为期半年到一年的项目，培养其适应一般就业的基础能力，同时提供就业援助和就业机会。需要满足资产收入方面的一定条件。
家庭经济咨询援助事业	为重建家庭经济提供建议。对家庭经济状况实行"透明化"调查，掌握根本问题，帮助咨询者培养管理家庭经济的能力。根据情况制订援助计划，联系咨询援助相关机构，必要时帮助其申请贷款，支持其完成初步的生活重建。
就业培训事业	提供工作形式灵活的劳动场所，即为难以从事一般劳动的人提供合适的工作机会，同时也在个别就业援助项目的基础上实施面向一般就业的中长期援助。

续表

穷困家庭子女的学习援助	以子女的学习援助为主,创造可以让儿童养成日常生活习惯、认识新朋友的环境。升学相关帮助、防止初升高中途退学的相关援助等,为子女和监护人提供必要的支持。
临时生活援助事业	在一定时间段内,提供住所、衣食等。此外还面向咨询者今后的生活进行自立上的援助。

民间以及半官半民（NPO等）的援助制度和活动

除了政府机构外,NPO以及民办事业单位也在采取防贫救贫措施。在此我想介绍其中的一部分。

援助类合租房

为因失业或拖欠房租而失去住处的人提供紧急避难所。不只是提供出租房屋,还有咨询员上门帮助租户走向自立。这类合租房由全国的NPO法人运营,与自治体之间也有合作。通过利用闲置房,让人们可以在最大程度上享受日常生活状态的房屋日渐增多。

地区网络

即使被援助者住进了公寓,也很少有人能马上过上"健康且文明的"生活。也有人接受援助后一直把自己关在家里,从早到晚看电视。无论接受了什么样的援助,受援助者都需要一个不受歧视的、免费的社交环境。全国范围内出现了许多供福祉专业的学生、单身母亲、痴呆症患者、符合最低生活保障申请条件者等进行交流的场所。文化馆、咖啡馆、私人改造的民房等，种类繁多。可以在自治体的主页查到相关信息。

生存策略❺

奖学金还款期限延缓制度

大学毕业后若以非正式雇佣的形式工作，实际月收入为16万日元左右。扣去国民健康保险费、国民年金保险费、房租以及当月需还的奖学金之后，剩下的钱连吃饭都不够。很少有人知道，在这种时候可以使用还款期限延缓制度。该制度涵盖伤病、失业、低收入、受灾、产假等各个方面。

● 奖学金还款咨询中心

电话：0570－666－301

海外用户、部分手机和IP电话用户请拨03－6743－6100

受理时间：周一～周五8：30～20：00（法定节假日除外）

我们在第3章已经就日本学生援助机构以"奖学金"的名义提供"教育贷款"的问题进行了说明。当遇到因无法按时还款而陷入困境的情况时，请不要顾虑太多，尽管咨询。

● 奖学金问题对策全国会议（东京市民法律事务所）

电话：03-5802-7015

受理时间：周一～周五 9：30～17：30

食物银行、儿童食堂

日本的食物浪费十分严重，每年丢弃的可食用食物达632万吨，其中包括因食品包装上印错字而无法在店里出售的食物（农林水产省调查）。因此，进入21世纪之后，地方的饮食店与NPO法人等合作，开始试着将这部分食物送给有需求的人。日本各地的NPO法人纷纷行动，首先将食物送到社会福利机构储存，后通过做饭赈灾的方式分发。

作为生存基础，"食"有各种可能性。与食物银行合作的儿童食堂成了穷困家庭的交流中心。让儿童对吃饭怀有期待是"食育"的一环，从帮忙洗菜等过程中，儿童学会了基本的生活习惯。有的父母夜里也在工作，儿童食堂让本来只能一个人吃饭的孩子体验到了与他人一起吃饭的快乐。此外，在对中小学生开放的"援助房"内，孩子们不仅能获得食物，还能得到学习上的帮助。

如何将这样的信息整合在一起并且传达给所有人，这是下一个课题，但信息量不断增加是一件令人欣喜的事。

有一种观点认为，给旱灾、地震灾民捐粮可以，但不支持帮助那些生活困难的人，因为他们"自作自受"。我想提醒大家，贫穷是社会的灾难。

企业也可以将储存的员工应急食品捐给食物银行。虽然不同团体的适用条件不同，但超出保质期的食品都是不能进行捐赠的，需要尽早检查。

转变态度篇：现在不改变，问题就无法解决

放下骄傲，增强"受援力"！

上述国家和民间的福利服务是所有人都可以使用的。如果你认为身边有人需要援助，请务必告诉他。"要是弄错了……""说不定是我多管闲事了"，这些顾虑可能是致命的。

能说出"我遇到困难了，请帮帮我吧"这样的话，并且堂堂正正地接受援助，这也是一个人生存的能力。也就是说，有能力依赖别人并向别人求助，这并不是懦弱，而是一种强大。防止孤独死和自杀的关键就在于毫不犹豫地接受必要的援助。为了能更好地接受帮助，平日里就要了解最低生活保障以及社会保障的相关知识。

从性格上来说，顽固的人和气量小的人比较危险。一边拒绝

接受他人的援助，一边把自己逼得喘不过气来，我们称这样的人为"受援力低的人"。"受援力"是救援领域的术语，与之对应的是"援助力"。在被阪神大地震和东日本大地震等灾害重创过之后，日本的援助力显著提升，发展了有组织的志愿活动。日本有众多乐于助人的人，哪怕只是尽微薄之力。然而，灾区明明有很多志愿者，寻求帮助的人却很少。

在日本，很多人指责遇到困难的人"自作自受"，但同时又有很多人想帮助他人。能否激发"助人的欲望（行动）"，取决于求助的方式。

带薪休假吧

要求专科学生在上课期间请假去打工的黑心企业店长自称几乎请不到假，因此不会宽容地对待他人的请假行为。原则上，与雇佣形式无关，无论是兼职员工还是临时工，每半年都享有10天的带薪假期。持续工作6年半，则增加到20天。如果你在职场里是上司，那么见你主动带薪休假，下属也更容易请假。互相监督着不让请假的职场，往往工作效率不高。

根据日本全国健康保险协会（加入人数约3600万）2014年的报告，申请工伤补贴的理由中，最多的是"精神以及行动障碍（抑郁症）"，共22161例，占总数的25.7%（2013年数据）。在第

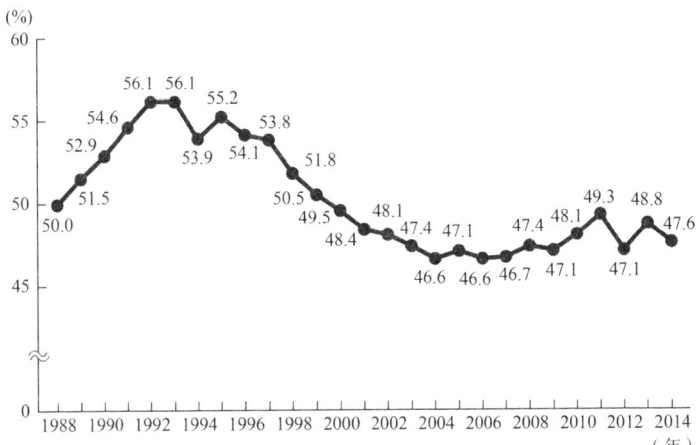

图表 5-1 带薪年假使用率变化

出处：2016年预防过劳死的措施白皮书

一次就业冰河期的1998年，该理由占5505例，也就是说15年里这个数字增加到了原来的4倍。

原因之一在于没有机会恢复身心健康的长时间劳动。在大型IT企业和建筑公司，终于开始了劳动意识改革，将加班严重的问题纳入管理责任。企业的这种尝试能否普及到便利店、饮食行业等无法避免深夜工作的职场，是能否提高社会保障水平的关键。正如禁止周末营业的欧洲，或许日本也需要政府出台规定，叫停过度竞争。

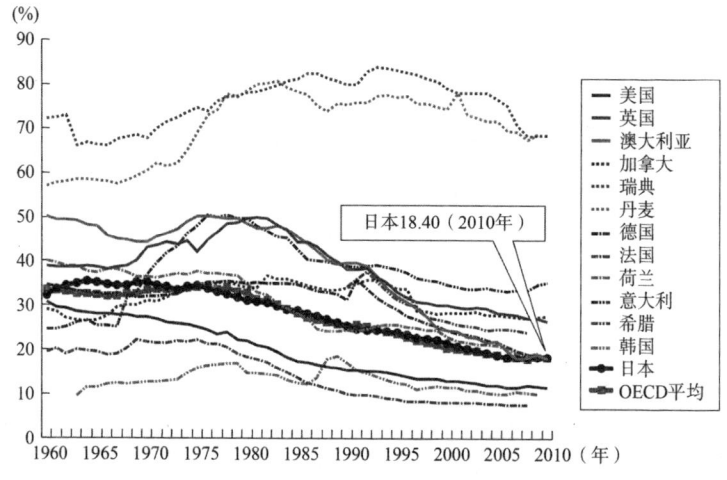

图表5-2 各国工会加入率比较

出处：2012年厚生劳动白皮书

在生活被毁掉之前加入工会

在第2章和第3章已经讲过，持有"不为兼职提供工伤保险""申请带薪休假要扣钱"等荒谬观点的黑心企业确实存在。此前还有大型便利店对请病假的兼职女高中生进行罚款的新闻。

工会是保护劳动者的组织，却由于日渐被弱化而失去了价值。我一直推荐那些确定了就业单位的学生们首先要加入某个工会，和那里的朋友交换信息。两三个有共同问题的人就可以组成一个小团体，如果职场中有两三个同事为你出头，对于谈判也是有利的。正是因为没有与境遇相同的人进行交流，才会误以为只有自己辛苦，从而默默忍受。团结是根本。针对黑心企业的诉讼也是如此。小团体只有团结一心，才能从大企业手里赢回拖欠的薪水、权利保障和人道的工作方式。

就算企业没有工会，现在也有越来越多允许个人加入的联盟。有的工会费用仅为每月1000日元左右，不仅会组织交流会、讲习班等，还接受工伤的相关咨询。下面分享的是与hotplus合作的一个联盟，当然除此之外还有很多。若有兴趣，不如加入试试。不管是哪个联盟，都会严守成员的秘密。

● 黑心兼职联盟

电话：03－6804－7245

受理时间：每天10：00～22：00

※咨询免费

准备分散风险的最佳时期是40多岁时

"等到了60岁我就在当地参加各种活动，发光发热。"这样积极的文字时不时就会进入我的视野。不过，我个人认为从更早的时候开始做养老准备比较好。人还没有能干到能前一天刚退休，第二天就开始发光发热。一直专注于工作的人，辞职之后会怅然若失，受到不小的打击。

以在某都市银行工作过的一位男性为例，他一次性拿到了

3000万日元的退休金，65岁起每月可以拿到24万日元年金。这算不错的开头。此外，他在埼玉市有一套已经还完贷的房子，可以说是人生赢家。

然而，退休后的他无处可去，63岁就患了认知症。他开始对妻子使用暴力，最终夫妻俩没有办法一起生活。他的妻子一直是全职主妇，所以离婚后卖房子的钱两人平分，他还要从每月的年金中分8万日元给妻子（自2008年修订法律后，离婚后男方的年金也要分给女方）。两人分别在新的公寓里开始了新生活。转眼间日本就多了两个"下游老人"家庭。

该男子因为患认知症，所以无法工作，房东来找他商谈事情时发现公寓里被弄得乱七八糟，堆满了垃圾和箱子。因为他拖欠房租，所以房东也很困扰，希望他早点搬走。我们介入之后，将他临时转移到了NPO性质的避难所。虽然他后来加入了护理保险，但是很快就被查出患有癌症，身体日渐虚弱，就这样离世了。他的家人则说："连他的脸都不想看到。"

我们去整理他的公寓时，发现了成箱的保健食品，还有写着50万日元、70万日元的由不知名的宗教团体开出的捐款单，大概是受骗交了钱吧。不知是不是工作时养成的习惯，他带回了成堆的小酒馆的收据。和妻子离婚后，只能花钱和别人谈心了吧。

这位男性把一切生活事务都交给妻子打理，自己全身心投入到工作当中，直到退休。这种极端的生活模式，一不小心就会轰然崩塌。公司对此负有一定的责任。此外，直到1993年，日本的学校才开设家政课，在那之前没能把家务的重要性通过公共教育传达给男性，这是社会的责任。这一案例不禁让人思考，如能早一点分散风险因素，情况又会如何呢？

风险规避措施

- 避免一心扑在工作上，培养生活能力，如做家务、带孩子。
- 参加社区活动，建立与家庭关系类似的关系。只要和周围人建立联系，就会收到诸如"最近看起来没什么精神啊""你还好吗？"的关心，也更容易向他人求助。
- 为了避免退休后完全与工作脱节，可以做一些副业。既可以积累人脉，还可以获得退休金以外的收入。退休后马上开始做副业会有难度，适宜在40～50多岁的时候开始准备。

培养权利意识，确认将来年金的金额

日本年金机构向厚生年金保险、国民年金保险的被保险人寄"年金定期通知信"。生日当月以明信片的形式，而在35、45、59岁等代表人生重要阶段的年份则以书信的形式邮寄。保险人年满50岁以后，日本年金机构会估算其在持续做当下的工作到60岁的情况下的"年金金额"。这些都可以是规划老年生活的基准。退休后收入不足的部分通过副业赚取，最好事先做好规划。

然而出人意料的是，很多人都不知道自己未来能领取多少年金。由于年金的支付额度在年年减少，最好事先确认一下有没有遗漏支付或是支付情况不明的时间段出现。很多人认为自己还有工作，不需要年金，但是疾病、事故等是无法预测的。

2016年10月起，厚生年金保险、健康保险的覆盖范围扩大。保险金额、赔偿内容等也可能发生了改变。厚生劳动省的主页上有具体的情况说明。

◉ 厚生劳动省网址

http：//www. mhlw. go. jp/stf/seisakunitsuite/bunya/2810tekiyoukakudai/

选举能改变什么

以食物浪费为例，剩余的食物通过各个福利设施被送往儿童食堂，在自治体提供补助金的情况下，是国民缴纳的税金支撑着这一举措。我们缴的税被用于医疗、教育、福祉等各个领域，部分返还到国民手中。这样的分配很大程度上取决于政治情况。在日本，执政党对我们的生活产生决定性的影响，甚至一根萝卜的价格都可能随之变动。这一点是我们需要认识到的。现今，社会保障和国防支出日渐增长的同时，护理保险报酬和最低生活保障预算等部分社会保障和贫困对策却在减少。

约会吃饭而已，为什么1万日元就花完了呢？为何坐新干线往返要花2万日元呢？不妨试着就每笔日常开销提出疑问。因为重复上述活动，我们的存款越来越少，将来会被卷入贫困的旋涡。

这些开销确实是能减少的。公车费、伙食费、煤气费等生活费用是可以节约下来的，但是都会随着政治动向和税收方式变化。投票选举就像蝴蝶效应——哪怕是巴西的一只蝴蝶扇动了一下翅膀，也有可能引起德克萨斯州的龙卷风。现在自民党靠着组织票，即便年轻人不参政也能胜出（正如前首相森喜朗所言），所以并不在乎年轻人是否参加选举，但在野党会受到投票率的影响。比如说，因为受到年轻人支持而在美国总统大选中获胜的唐纳德·特朗普，今后很有可能调高非正式员工的最低工资标准。同理，在日本，只要有民众发声，也会有政治家站出来保证上调最低工资标准。

为了1500日元的最低时薪，在选举投票时发声吧！

2016年，日本平均最低时薪终于从798日元增至823日元（全国最低工资标准最高的东京都将平均最低时薪从907日元上调到932日元）。然而，假设时薪为823日元，每天工作8小时，每个月工作20天，月收入仅为131680日元。顺便一提，日本以引进护理人才的形式吸引外国劳动者，然而会说日语的优秀人才惊讶于日本生活费用之高，逃回自己国家的情况时有发生。

每3个非正式员工里面就有1人的收入占其家庭收入的一半以上，承担着养家糊口的责任。虽然安倍内阁制定了最低时薪1000日元的目标，但这依然不够。假设时薪为1500日元，一年工作1860小时（全职劳动者规定劳动时间），年薪也只有279万日元。

在欧洲国家，最低时薪相当于1000日元、1200日元是正常的。德国首相默克尔反对上调最低工资，她表示，如果将最低时薪上调，无法承担人力费用的中小企业就会随之破产。然而，只要国家对中小企业实行减免税收措施就不会有问题，这一点在美国和法国都得到了证实。

说到政治举措的经济来源，金融界也是利害关系方。政治和金融息息相关，无论要动用哪边的资源，国民都有可能间接地控制其方向。团块二代和获得了选举权的十几岁年轻人的投票改变了"投票势力图"。曾经在日本经济团体联合会等的反对下没能实现的最低工资大幅上调和教育投资加强，首次迎来了有利局面。光是这两点，就有可能让年轻人的生活发生翻天覆地的变化。他们并不是什么都不想做，被询问时，他们表示如果有收入的话，就想多玩、多消费、结婚。

以市民团体AEQUITAS组织的"最低时薪1500日元"活动为参考，我们来看看推特话题"♯假如最低时薪变成1500日元"

作者在呼吁将最低时薪提高到 1500 日元的示威活动中发言（东京都内，户嶋诚司/摄）

的发言吧。"想去医院""一天想吃三顿饭"，这样的愿望可以说是令人震惊的。你会在这个话题下写什么呢？如果你能上网，请务必写下你的想法，让更多人有机会思考这个问题。

只有当对贫困和贫富差距有切身体验的人开始关心政治，在社会上占有一定地位后，旨在创造一个福利社会的群体才会形成。只能希望在那之前，日本社会能够保持可持续性的发展。我们作为福利工作者的使命则是维护、延续各种社会保障计划，至少尽最大努力减少负面影响。

结　语

21世纪被称为"分裂的世纪"。

"分裂"的反义词是"统一"。而在"统一"中找到了建国意义的美国，在马丁·路德·金的努力和各种民权运动下，一点一点克服了根深蒂固的歧视问题，成为一个在多民族强大劳动力的帮助下发展得很好的国家。

然而，就是在这样的美国，宣称要"在美国和墨西哥边境造围墙"的唐纳德·特朗普却在大选中以压倒性的优势取胜，成为美国第45任总统。特朗普发表了排斥外国劳工的言论，企图通过立法限制或禁止来自有恐怖主义隐患的国家的人入境。他用简单的方式告诉民众，只要排除异己就可以变得富有。极端的言论无疑打开了潘多拉的魔盒，引发了激烈争论，在美国国民之中制造了巨大的隔阂。

不仅是在美国，在法国和德国也有政党和政治家鼓吹排斥特定民族、拒绝接受难民等思想。他们的支持者都认为不排他就无法守护自己的利益和生活。不信任他人、拒绝合作的氛围笼罩着这个世界。

与之相对的,由于日本是四面环海的岛国,所以一直被认为不会像欧美国家一样产生严重的种族歧视问题。但是,眼下对在日外国人的歧视逐渐显现,这是走在路上就可以发现的。没有接受最低生活保障的人指责接受最低生活保障的人,没有请产假的员工排斥请了假的员工,此类令人叹息的分裂问题近年来愈发显著。

从1990年代中期开始,在日本雇佣体制崩坏的背景下,各年龄层的收入都有所降低。企业里悠闲的氛围也不见了,贫困不断深化,市民们甚至不得不开始互相争夺社会资源。经济依然止步不前,人们在这样的环境下看不到希望,丧失了为他人考虑、亲切待人的品格。

在《下游老人:一亿人老后崩坏的冲击》出版之后,许多致力于解决儿童贫困问题的人告诉我"相比于老年人,儿童才更重要吧""要安排预算的话肯定是安排给儿童才对吧"。对于这些言论,我的回答只有一个:

"无论是儿童还是老年人,生活下去都不容易,两者都应受到重视。并不是说像投票表决一样,多数人认为'儿童更重要'的话老年人就得不到帮助了。并不是这么简单的一回事。"在这个世界上,群体对立随处可见,如努力工作的穷人和接受最低生活保障的穷人之间的对立、正式员工和非正式员工之间的对立。现在的社会人人自危，因此当有人说"去帮帮那个单身母亲"时，就会有其他群体的人站出来说"我们也有困难，你这样不公平"。我们不能陷入谁优先于谁这种狭隘的、毫无益处的争论之中。

解决这个问题，需要不同年龄层以及生活水平的人共同参与讨论，一切从弥合裂缝开始。

随着贫困的加深，我们更容易发现社会中的分裂现象了。正因如此，我们要寻找的不仅是让低收入人群，更是让所有人都能得到帮助的方法。

仔细想想，人类已经度过了许多次危机。冷战是比较近的例子。在实现了全球化的 21 世纪，我们应该主动消除分裂，尽可能多地解救那些为生活所苦的人。我也是怀着这样的初衷开始构思本书的。

本书的核心内容由在《每日新闻》网站经济版连载的《下游化日本的处方笺》组成。该连载从 2016 年 6 月开始，每周更新后的点击率都在增加，并通过转发被分享给许多人。很多读者表示在 hotplus 的咨询案例中看到了自己的影子。首先，我想对此表示感谢。在连载过程中，贫困批判、年金削减法案的通过等围绕贫困的问题几乎每天都会出现。本书也将这些案例作为材料，进行了大量分析讨论。

希望通过本书第一次接触贫困问题的各位能了解与自身不同阶级、群体、年代的人的生活。此外，若有人能在自己能力范围内采取行动，那我将万分感激。如果依然抱着"贫穷是自作自受"的想法对他人漠不关心，那么人与人之间的裂缝只会越来越大，说不定不久后就轮到我们苦于生计了。

贫困连接了不同年龄层的人。也就是说，贫困并不仅仅影响一代人，而是能够世代相传的。眼下，我们不仅要为解决将来的贫困问题寻找对策，也应该帮助现在有困难的人。别人的幸福会带给你对明天的希望。

最后，我想对与我共同完成本书的伙伴们表示感谢。经济版的策划、从我写这本书开始一直陪伴着我的《每日新闻》的户嶋诚司先生，见证我工作全过程的《每日新闻》出版社的峯晴子女士，帮助我做编辑工作的柴崎梓女士，他们都对我关照有加。

此外，我还想感谢支持我写书的hotplus事务局的工作人员们，以及在我忙忙碌碌时比谁都支持我的家人们。我的儿子今年3岁了，我希望未来的日本社会将是我的孩子和他的朋友们能够安心生活的社会。今后我也会积极参与各种各样的活动。

2017年1月31日

藤田孝典

图书在版编目（CIP）数据

贫困危机：日本"最底层"社会/（日）藤田孝典著；胡建君译. —上海：上海文化出版社，2020.8
ISBN 978-7-5535-2044-5

Ⅰ.①贫… Ⅱ.①藤…②胡… Ⅲ.①贫困问题-研究-日本 Ⅳ.①F131.36

中国版本图书馆CIP数据核字（2020）第126043号

HINKON CRISIS
by TAKANORI FUJITA
Copyright © 2017 TAKANORI FUJITA
Original Japanese edition published by Mainichi Shimbun Publishing Inc.
All rights reserved
Chinese (in simplified character only) translation copyright © 2020 by Shanghai Culture Publishing House
Chinese (in simplified character only) translation rights arranged with Mainichi Shimbun Publishing Inc. through Bardon-Chinese Media Agency, Taipei.

图字：09-2020-136号

出 版 人：姜逸青
责任编辑：任　战　葛秋菊
责任监制：刘　学
封面设计：谷亚楠

书　　名	贫困危机：日本"最底层"社会
著　　者	［日］藤田孝典
译　　者	胡建君
出　　版	上海世纪出版集团　上海文化出版社
地　　址	上海市绍兴路7号　200020
发　　行	上海文艺出版社发行中心 上海市绍兴路50号　200020　www.ewen.co
印　　刷	苏州市越洋印刷有限公司
开　　本	889×1194　1/32
印　　张	6.375
版　　次	2020年8月第一版　2020年8月第一次印刷
书　　号	ISBN 978-7-5535-2044-5/G.328
定　　价	45.00元

如发现本书有印装质量问题请联系印刷厂质量科　电话：0512-68180628